한자 성어

01 同 한가지 동

한자 성어	뜻
1. 附和雷同	**부화뇌동** (附 붙을 부 和 화할 화 雷 우레 뇌(뢰) 同 한가지 동) '우레에 맞춰 만물이 울린다'는 뜻으로, 줏대 없이 남의 의견에 따라 움직임.
2. 吳越同舟	**오월동주** (吳 성씨(나라 이름) 오 越 넘을(나라 이름) 월 同 한가지 동 舟 배 주) '오(吳)나라 사람과 월(越)나라 사람이 한 배에 탐.'의 뜻으로, 서로 적의를 품은 사람들이 한자리에 있게 된 경우나 서로 협력하여야 하는 상황.
3. 異口同聲	**이구동성** (異 다를 이(리) 口 입 구 同 한가지 동 聲 소리 성) '입은 다르나 목소리는 같다'는 뜻으로, 여러 사람의 말이 한결같음을 이르는 말. ≒ 異口同音(이구동음)

02 羊 양 양

	한자 성어	뜻
4	亡羊補牢	**망양보뢰** (亡 망할 망 羊 양 양 補 고칠 보 牢 우리 뢰(뇌)) '양을 잃고서 그 우리를 고친다'는 뜻으로, 1) 실패한 후에 일을 대비함. 2) 이미 어떤 일을 실패한 뒤에 뉘우쳐도 소용이 없음.
5	羊頭狗肉	**양두구육** (羊 양 양 頭 머리 두 狗 개 구 肉 고기 육) '양의 대가리를 내어놓고 실은 개고기를 판다'는 뜻으로, 겉으로는 훌륭하게 내세우나 속은 변변찮음. 겉과 속이 서로 다름.
6	九折羊腸	**구절양장** (九 아홉 구 折 꺾을 절 羊 양 양 腸 창자 장) '아홉 번 꼬부라진 양의 창자'라는 뜻으로, 꼬불꼬불하고 험한 산길을 일컫는 말.

03 交 사귈 교

한자 성어	뜻
7 刎頸之交	**문경지교** (刎 목 벨 문 頸 목 경 之 갈 지 交 사귈 교) '목을 벨 수 있는 벗'이라는 뜻으로, 생사를 같이할 수 있는 아주 가까운 벗.
8 膠漆之交	**교칠지교** (膠 아교 교 漆 옻 칠 之 갈 지 交 사귈 교) '아교(阿膠)와 옻의 사귐'이라는 뜻으로, 아주 친밀하여 떨어질 수 없는 교분.
9 桑麻之交	**상마지교** (桑 뽕나무 상 麻 삼 마 之 갈 지 交 사귈 교) '뽕나무와 삼나무를 벗 삼으며' 부귀영화를 버리고 시골 사람들과 사귀며 지냄.
10 水魚之交	**수어지교** (水 물 수 魚 물고기 어 之 갈 지 交 사귈 교) '물과 물고기의 사귐'이란 뜻으로, 아주 친밀해서 떨어질 수 없는 사이. = 관포지교(管鮑之交 : 管 대롱 관 鮑 절인 물고기 포 之 갈 지 交 사귈 교) : '중국 춘추 시대의 관중(管仲)과 포숙아(鮑叔牙)의 사귐이 매우 친밀하였다'는 고사에서 나온 말로, 아주 친한 친구 사이의 다정한 교제를 일컬음.

	한자 성어	뜻
11	金蘭之交	**금란지교** (金 쇠 금 蘭 난초 란(난) 之 갈 지 交 사귈 교) '단단하기가 황금과 같고 아름답기가 난초 향기와 같은 사귐'이라는 뜻으로, 매우 절친한 벗의 사귐. = 금란지계(金蘭之契)
12	芝蘭之交	**지란지교** (芝 지초 지 蘭 난초 란(난) 之 갈 지 交 사귈 교) '지초(芝草)와 난초(蘭草)의 교제'라는 뜻으로, 벗 사이의 맑고도 고귀한 사귐을 이르는 말.
13	貧賤之交	**빈천지교** (貧 가난할 빈 賤 천할 천 之 갈 지 交 사귈 교) '가난하고 천할 때' 가깝게 사귄 사이.
14	金石之交	**금석지교** (金 쇠 금 石 돌 석 之 갈 지 交 사귈 교) '쇠나 돌처럼' 굳고 변함없는 사귐.
15	傾蓋如舊 유의어	**경개여구** (傾 기울 경 蓋 덮을 개 如 같을 여 舊 예 구) '처음 만나 잠깐 사귄 것이 마치 오랫동안 알고 지낸 사이처럼 가까움.'

04 歎(嘆) 탄식할 탄

한자 성어	뜻
16 髀肉之歎	비육지탄 (髀 넓적다리 비 肉 고기 육 之 갈 지 歎 탄식할 탄) '넓적다리에 살이 붙음을 탄식(歎息)한다.'는 뜻으로, 재능을 발휘하지 못하고 허무하게 세월만 보냄을 탄식함.
17 晩時之歎	만시지탄 (晩 늦을 만 時 때 시 之 갈 지 歎 탄식할 탄) '시기에 늦어 기회를 놓쳤음을 안타까워하는 탄식'
18 麥秀之歎	맥수지탄 (麥 보리 맥 秀 빼어날 수 之 갈 지 歎 탄식할 탄) '빈터에 보리만 자란 것을 탄식함.'이라는 뜻으로, 고국의 멸망을 한탄함을 이르는 말.
19 亡羊之歎	망양지탄 (亡 망할 망 羊 양 양 之 갈 지 歎 탄식할 탄) '갈림길이 많아 잃어버린 양을 찾지 못함을 탄식한다'는 뜻으로, 학문의 길이 여러 갈래여서 하나의 진리도 얻기 어려움을 이르는 말.

한자 성어	뜻
20 黍離之歎	서리지탄 (黍 기장 서 離 떠날 리(이) 之 갈 지 歎 탄식할 탄) '빈터에 기장만이 자라 황폐해진 것을 보고 하는 탄식'이라는 뜻으로, 세상의 영고성쇠가 무상함을 탄식하며 이르는 말.

05 孤 외로울 고

한자 성어	뜻
21 孤立無援	고립무원 (孤 외로울 고 立 설 립(입) 無 없을 무 援 도울 원) '고립되어 구원을 받을 데가 없음.'
22 孤掌難鳴	고장난명 (孤 외로울 고 掌 손바닥 장 難 어려울 난 鳴 울 명) '외손뼉은 울릴 수 없다'는 뜻으로, 1) 혼자서는 어떤 일을 이룰 수 없다는 말. 2) 상대 없이는 싸움이 일어나지 않음을 이르는 말.

06 曲 굽을 곡

한자 성어	뜻
23 曲學阿世	곡학아세 (曲 굽을 곡 學 배울 학 阿 언덕 아 世 인간 세) '배움을 굽히어 세상에 아첨(阿諂)한다'는 뜻으로, 바른 길에서 벗어난 학문으로 세상 사람에게 아첨함.
24 不問曲直	불문곡직 (不 아닐 불 問 물을 문 曲 굽을 곡 直 곧을 직) 옳고 그름을 묻지 않고 함부로 일을 처리함.
25 ^{반대말} *是是非非	시시비비 (是 이 시 非 아닐 비) *不問曲直(불문곡직)의 반대말 1) 여러 가지의 잘잘못 2) 옳고 그름을 따지며 다툼

07 生 날 생

한자 성어	뜻
26 後生可畏	후생가외 (後 뒤 후 生 날 생 可 옳을 가 畏 두려워할 외) '젊은 후학들을 두려워할 만하다'는 뜻으로, 후진들이 선배보다 젊고 기력이 좋아, 학문을 닦음에 따라 큰 인물이 될 수 있으므로 가히 두렵다는 말.

한자 성어	뜻
27 生寄死歸	생기사귀 (生 날 생 寄 부칠 기 死 죽을 사 歸 돌아갈 귀) '삶은 잠시 머무르는 것이고, 죽음은 돌아간다.'는 뜻으로, 사람이 이 세상에 사는 것은 잠시 머무는 것일 뿐이며 죽는 것은 원래 자기가 있던 본집으로 돌아가는 것임을 이르는 말.
28 利用厚生	이용후생 (利 이로울 이(리) 用 쓸 용 厚 두터울 후 生 날 생) '기구를 편리하게 쓰고 먹을 것과 입을 것을 넉넉하게 하여,' 국민의 생활을 나아지게 함.
29 白面書生	백면서생 (白 흰 백 面 낯 면 書 글 서 生 날 생) 글만 읽고 세상일에는 경험이 없는 사람.
30 生者必滅	생자필멸 (生 날 생 者 놈 자 必 반드시 필 滅 꺼질 멸) [불교] 생명이 있는 것은 반드시 죽음.
31 捨生取義	사생취의 (捨 버릴 사 生 날 생 取 가질 취 義 옳을 의) '목숨을 버리고 의리(義理)를 취한다.'는 뜻으로, 목숨을 버릴지언정 옳은 일을 함.

08 離 떠날 리(이)

	한자 성어	뜻
32	支離滅裂	**지리멸렬** (支 지탱할 지 離 떠날 리(이) 滅 꺼질 멸 裂 찢을 렬(열)) '이리저리 흩어지고 찢기어' 갈피를 잡을 수 없음.
33	會者定離	**회자정리** (會 모일 회 者 놈 자 定 정할 정 離 떠날 리(이)) '만난 자는 반드시 헤어짐.' 모든 것이 무상함을 나타내는 말.

09 手 손 수

	한자 성어	뜻
34	手不釋卷	**수불석권** (手 손 수 不 아닐 불 釋 풀 석 卷 책 권) '손에서 책을 놓지 아니하고 늘 글을 읽음.'
35	赤手空拳	**적수공권** (赤 붉을 적 手 손 수 空 빌 공 拳 주먹 권) '맨손과 맨주먹'이라는 뜻으로, 아무것도 가진 것이 없음을 이르는 말.

10 花 꽃 화

한자 성어	뜻
36 花朝月夕	화조월석 (花 꽃 화 朝 아침 조 月 달 월 夕 저녁 석) '꽃 피는 아침과 달 밝은 밤'이라는 뜻으로, 경치가 좋은 시절을 이르는 말
37 錦上添花	금상첨화 (錦 비단 금 上 윗 상 添 더할 첨 花 꽃 화) '비단 위에 꽃을 더한다'는 뜻으로, 좋은 일 위에 또 좋은 일이 더하여짐.
38 花容月態	화용월태 (花 꽃 화 容 얼굴 용 月 달 월 態 모습 태) 아름다운 여인의 얼굴과 맵시를 이르는 말.

11 世 인간 세

한자 성어	뜻
39 蓋世之才	**개세지재** (蓋 덮을 개 世 인간 세 之 갈 지 才 재주 재) 세상을 마음대로 다스릴 만한 뛰어난 재기. 또는 그러한 재기를 가진 사람.
40 炎涼世態	**염량세태** (炎 불꽃 염 涼 서늘할 량(양) 世 인간 세 態 모습 태) '불꽃처럼 뜨거웠다가 서늘해지는 세태(世態)'라는 뜻으로, 세력이 있을 때는 아첨하여 따르고 세력이 없어지면 푸대접하는 세상인심.

12 不 아닐 부(불)

한자 성어	뜻
41 釣而不網	**조이불망** (釣 낚을 조 而 말 이을 이 不 아닐 불 網 그물 망) '낚시질은 해도 그물질은 하지 않는다'는 뜻으로, 무슨 일을 하든 바른 수단으로 가려는 어진 성품을 의미함.
42 吾不關焉	**오불관언** (吾 나 오 不 아닐 불 關 관계할 관 焉 어찌 언) '나는 그 일에 상관하지 아니함.'

	한자 성어	뜻
43	不偏不黨	**불편부당** (不 아닐 불 偏 치우칠 편 不 아닐 부 黨 무리 당) 1) '어느 한 쪽으로 기울어짐 없이 공평(公平)함.' 2) 늘 그러한 자연의 길의 본질을 말함 (= 무편무당(無偏無黨)).
44	欲速不達	**욕속부달** (欲 하고자 할 욕 速 빠를 속 不 아닐 부(불) 達 통달할 달) '일을 서두르면 도리어 이루지 못함.'
45	戀戀不忘	**연연불망** (戀 그리워할 련(연) 不 아닐 불 忘 잊을 망) '그리워서 잊지 못함.' = 오매불망(寤寐不忘)
46	衆寡不敵	**중과부적** (衆 무리 중 寡 적을 과 不 아닐 부 敵 대적할 적) '무리가 적으면 대적할 수 없다'는 뜻으로, 적은 사람으로는 많은 사람을 이기지 못함.

13 斷 끊을 단

한자 성어	뜻
47 斷機之戒	**단기지계** (斷 끊을 단 機 틀 기 之 갈 지 戒 경계할 계) 맹자가 수학(修學) 도중 집으로 돌아왔을 때 그의 어머니가 짜던 베틀의 실을 끊어 훈계하였다는 데서, 학문을 중도에서 그만둠은 짜던 베의 날을 끊는 것과 같다.
48 一刀兩斷	**일도양단** (一 한 일 刀 칼 도 兩 두 양(량) 斷 끊을 단) 1) 칼로 무엇을 대번에 쳐서 두 도막을 냄. 2) 어떤 일을 머뭇거리지 아니하고 선뜻 결정함을 비유적으로 이르는 말.
49 優柔不斷	**우유부단** (優 넉넉할 우 柔 부드러울 유 不 아닐 부 斷 끊을 단) 어물어물하며 결단을 내리지 못함.

14 衣 옷 의

한자 성어	뜻
50 天衣無縫	**천의무봉** (天 하늘 천 衣 옷 의 無 없을 무 縫 꿰맬 봉) '천사의 옷은 꿰맨 흔적이 없다'는 뜻으로, 일부러 꾸민 데 없이 자연스럽고 아름다우면서 완전함을 이르는 말. 완전무결해 흠이 없음을 의미하기도 함.
51 錦衣夜行	**금의야행** (錦 비단 금 衣 옷 의 夜 밤 야 行 다닐 행) 1) '비단옷을 입고 밤길을 다닌다'는 뜻으로, 자랑삼아 하지 않으면 생색이 나지 않음을 이르는 말. 2) 아무 보람이 없는 일.
52 解衣推食	**해의추식** (解 풀 해 衣 옷 의 推 밀 추 食 밥 식) '옷을 벗어주고 음식을 밀어 준다'는 뜻으로, 남에게 은혜를 베푸는 것을 이르는 말.
53 斑衣之戱	**반의지희** (斑 아롱질 반 衣 옷 의 之 갈 지 戱 놀이 희) '늙은 아들이 늙은 부모를 위로하려고 색동저고리를 입고 다녔다'는 고사에서, 늙어서 효도함을 이르는 말.

한자 성어	뜻
54 布衣寒士	포의한사 (布 베 포 衣 옷 의 寒 찰 한 士 선비 사) '베옷을 입은 가난한 선비'라는 뜻으로, 벼슬이 없는 가난한 선비를 이르는 말.

15 策 꾀 책

한자 성어	뜻
55 束手無策	속수무책 (束 묶을 속 手 손 수 無 없을 무 策 꾀 책) '손을 묶인 듯이 어찌 할 방책(方策)이 없어 꼼짝 못하게 된다'는 뜻으로, 뻔히 보면서 어찌할 바를 모르고 꼼짝 못한다.
56 糊口之策	호구지책 (糊 풀칠할 호 口 입 구 之 갈 지 策 꾀 책) '가난한 살림에서 그저 겨우 먹고살아 가는 방책.'
57 유의어 草根木皮	초근목피 (草 풀 초 根 뿌리 근 木 나무 목 皮 가죽 피) '풀뿌리와 나무껍질'이라는 뜻으로, 맛이나 영양 가치가 없는 거친 음식을 비유적으로 이르는 말.

16 中 가운데 중

한자 성어	뜻
58 鏡中美人	**경중미인** (鏡 거울 경 中 가운데 중 美 아름다울 미 人 사람 인) '거울에 비친 미인'이란 뜻으로, 실속 없는 일
59 暗中摸索	**암중모색** (暗 어두울 암 中 가운데 중 摸 본뜰 모 索 찾을 색) 1) '어둠 속에서 해결책을 찾아내려 함'. 2) 어림으로 무엇을 알아내거나 찾아내려 함.
60 雪中松柏	**설중송백** (雪 눈 설 中 가운데 중 松 소나무 송 柏 측백 백) '눈 속의 소나무와 잣나무'라는 뜻으로, 높고 굳은 절개를 이르는 말.
61 閑中眞味	**한중진미** (閑 한가로울 한 中 가운데 중 眞 참 진 味 맛 미) '한가한 가운데 깃드는 참다운 맛.'
62 中原逐鹿	**중원축록** (中 가운데 중 原 언덕 원 逐 쫓을 축 鹿 사슴 록(녹)) '중국(= 중원)에서 벌어지는 권력을 얻으려고 다투는 일'로 넓은 들판 한가운데서 사슴을 쫓는다는 뜻으로, 군웅(群雄)이 제왕의 지위를 얻으려고 다투는 일을 이르는 말.

17 空 빌 공

	한자 성어	뜻
63	空理空論	공리공론 (空 빌 공 理 다스릴 리(이) 空 빌 공 論 논할 론(논)) 실천이 따르지 아니하는, '헛된 이론이나 논의'
64	空中樓閣	공중누각 (空 빌 공 中 가운데 중 樓 다락 루(누) 閣 집 각) '아무런 근거나 토대가 없는 사물이나 생각.' = 신기루.
65	卓上空論	탁상공론 (卓 높을 탁 上 윗 상 空 빌 공 論 논할 론(논)) '현실성이 없는 허황한 이론이나 논의.'

18 反 돌이킬 반

	한자 성어	뜻
66	反哺之孝	**반포지효** (反 돌이킬 반 哺 먹을 포 之 갈 지 孝 효도 효) '까마귀 새끼가 자라서 늙은 어미에게 먹이를 물어다 주는 효(孝)'라는 뜻으로, 자식이 성장하여 어버이의 은혜를 갚는 효성을 이르는 말.
67	<유의어> 昏定晨省	**혼정신성** (昏 어두울 혼 定 정할 정 晨 새벽 신 省 살필 성) 아침저녁으로 부모의 안부를 물어서 살핌.
68	賊反荷杖	**적반하장** (賊 도둑 적 反 돌이킬 반 荷 멜 하 杖 지팡이 장) '도둑이 도리어 매를 든다'는 뜻으로, 잘못한 사람이 아무 잘못도 없는 사람을 나무람을 이르는 말.

19 口 입 구

한자 성어	뜻
69 如出一口	**여출일구** (如 같을 여 出 날 출 一 한 일 口 입 구) 한 입에서 나오는 것처럼 여러 사람의 말이 같음을 이르는 말.
70 口尙乳臭	**구상유취** (口 입 구 尙 오히려 상 乳 젖 유 臭 냄새 취) '입에서 아직 젖내가 난다'는 뜻으로, 말이나 하는 짓이 아직 어림을 일컫는 말.
71 口如懸河	**구여현하** (口 입 구 如 같을 여 懸 달 현 河 물 하) '입이 급(急)히 흐르는 물과 같다.'는 뜻으로, 거침없이 말을 잘하는 것.

20 上 윗 상

한자 성어	뜻
72 雪上加霜	**설상가상** (雪 눈 설 上 윗 상 加 더할 가 霜 서리 상) '눈 위에 서리가 덮인다'는 뜻으로, 난처한 일이나 불행한 일이 잇따라 일어남을 이르는 말.
73 沙上樓閣	**사상누각** (沙 모래 사 上 윗 상 樓 다락 누(루) 閣 집 각) '모래 위의 다락집'이라는 뜻으로, 기초가 튼튼하지 못하여 오래 견디지 못할 일이나 물건.

21 十 열 십

한자 성어	뜻
74 權不十年	**권불십년** (權 권세 권 不 아니 불 十 열 십 年 해 년) '권세는 십 년을 가지 못한다'는 뜻에서, 아무리 권세가 높다 해도 오래가지 못한다.
75 十匙一飯	**십시일반** (十 열 십 匙 숟가락 시 一 한 일 飯 밥 반) '밥 열 술이 한 그릇이 된다'는 뜻으로, 여러 사람이 조금씩 힘을 합하면 한 사람을 돕기 쉬움을 이르는 말.
76 十日之菊	**십일지국** (十 열 십 日 날 일 之 갈 지 菊 국화 국) '국화(菊花)는 9월 9일이 절정기(絕頂期)이니 십일 날의 국화(菊花)'라는 뜻으로, 무엇이나 한창 때가 지나 때늦은 것을 비유(比喩·譬喩)함.
77 十伐之木	**십벌지목** (十 열 십 伐 칠 벌 之 갈 지 木 나무 목) '열 번 찍어 베는 나무'라는 뜻으로, 열 번 찍어 넘어가지 않는 나무가 없음을 이르는 말.

22 大 클 대

한자 성어	뜻
78 針小棒大	**침소봉대** (針 바늘 침 小 작을 소 棒 막대 봉 大 클 대) 작은 일을 크게 불리어 떠벌림.
79 能小能大	**능소능대** (能 능할 능 小 작을 소 大 클 대) 모든 일에 두루 능함.
80 大同小異	**대동소이** (大 클 대 同 한가지 동 小 작을 소 異 다를 이(리)) 거의 같고 조금 다름. 서로 비슷비슷함.
81 大器晩成	**대기만성** (大 클 대 器 그릇 기 晩 늦을 만 成 이룰 성) 크게 될 사람은 늦게 이루어진다는 말.

23 知 알 지

한자 성어	뜻
82 格物致知	**격물치지** (格 격식 격 物 물건 물 致 이를 치 知 알 지) 실제 사물의 이치를 연구하여 '지식을 완전하게 함.'
83 頓悟漸修 유의어	**돈오점수** (頓 조아릴 돈 悟 깨달을 오 漸 점점 점 修 닦을 수) 한번 깨달음을 얻었다고 해도 아직은 부족(不足)하기 때문에 '계속 부족(不足)함을 닦아 나가야 함.'
84 知彼知己	**지피지기** (知 알 지 彼 저 피 己 몸 기) '적의 사정과 나의 사정을 자세히 앎.'

24 心 마음 심

한자 성어	뜻
85 心機一轉	심기일전 (心 마음 심 機 틀 기 一 한 일 轉 구를 전) '어떤 동기가 있어 이제까지 가졌던 마음가짐을 버리고 완전히 달라짐.'
86 羞惡之心	수오지심 (羞 부끄러울 수 惡 미워할 오 之 갈 지 心 마음 심) '옳지 못함을 부끄러워하고 착하지 못함을 미워하는 마음.'
87 首丘初心	수구초심 (首 머리 수 丘 언덕 구 初 처음 초 心 마음 심) '여우가 죽을 때 머리를 자기가 살던 굴 쪽으로 둔다'는 뜻으로, 고향을 그리워하는 마음을 일컫는 말.

25 雲 구름 운

한자 성어	뜻
88 雲泥之差	운니지차 (雲 구름 운 泥 진흙 니(이) 之 갈 지 差 다를 차) '구름과 진흙의 차이'라는 뜻으로, 서로 간의 차이가 매우 심함.

26 患 근심 환

한자 성어	뜻
89 識字憂患	식자우환 (識 알 식 字 글자 자 憂 근심 우 患 근심 환) '학식이 있는 것이 오히려 근심을 사게 됨.'
90 有備無患	유비무환 (有 있을 유 備 갖출 비 無 없을 무 患 근심 환) '미리 준비가 되어 있으면 걱정할 것이 없음'

27 破 깨뜨릴 파

한자 성어	뜻
91 敝袍破笠	폐포파립 (敝 해질 폐 袍 도포 포 破 깨뜨릴 파 笠 삿갓 립(입)) '해진 옷과 부서진 갓'이라는 뜻으로, 초라한 차림새의 비유. ≒ 폐의파관(敝衣破冠). 폐의파립(敝衣破笠).
92 破竹之勢	파죽지세 (破 깨뜨릴 파 竹 대 죽 之 갈 지 勢 형세 세) '대를 쪼개는 기세'라는 뜻으로, 적을 거침없이 물리치고 쳐들어가는 기세를 이르는 말.
93 破壁飛去	파벽비거 (破 깨뜨릴 파 壁 벽 벽 飛 날 비 去 갈 거) '벽을 깨고 날아갔다'는 뜻으로, 평범한 사람이 갑자기 출세함을 이르는 말.

28 殺 죽일 살

한자 성어	뜻
94 矯角殺牛	**교각살우** (矯 바로잡을 교 角 뿔 각 殺 죽일 살 牛 소 우) '**쇠뿔을 잡으려다 소를 죽인다.**'라는 뜻으로, 잘못된 점을 고치려다가 그 방법이나 정도가 지나쳐 오히려 일을 그르침.
95 殺身成仁	**살신성인** (殺 죽일 살 身 몸 신 成 이룰 성 仁 어질 인) '**자기의 몸을 희생하여 인(仁)을 이룸.**'
96 寸鐵殺人	**촌철살인** (寸 마디 촌 鐵 쇠 철 殺 죽일 살 人 사람 인) '**한 치의 쇠붙이로도 사람을 죽일 수 있다**'는 뜻으로, 간단한 말로도 남을 감동하게 하거나 남의 약점을 찌를 수 있음을 이르는 말.

29 重 무거울 중

한자 성어	뜻
97 捲土重來	권토중래 (捲 거둘 권 土 흙 토 重 무거울 중 來 올 래(내)) '흙먼지를 날리며 다시 온다'는 뜻으로, 한 번 실패하였으나 힘을 회복하여 다시 쳐들어옴.
98 隱忍自重	은인자중 (隱 숨을 은 忍 참을 인 自 스스로 자 重 무거울 중) '밖으로 드러내지 아니하고 참고 감추어 몸가짐을 신중(愼重)히 함.'

30 女 여자 녀(여)

한자 성어	뜻
99 男負女戴	남부여대 (男 사내 남 負 질 부 女 여자 녀(여) 戴 일 대) '남자는 지고 여자는 인다'는 뜻으로, 사람들이 살 곳을 찾아 세간을 이고 지고 이리저리 떠돌아다님.

31 蠱 벌레 충

한자 성어	뜻
100 螳螂拒轍	당랑거철 (螳 사마귀 당 螂 사마귀 랑(낭) 拒 막을 거 轍 바퀴 자국 철) 제 역량을 생각하지 않고, 강한 상대나 되지 않을 일에 덤벼드는 무모한 행동거지를 비유적으로 이르는 말. 중국 제나라 장공(莊公)이 사냥을 나가는데 사마귀가 앞발을 들고 수레바퀴를 멈추려 했다는 데서 유래한다. ≪장자≫의 〈인간세편(人間世篇)〉에 나오는 말이다.

32 事 일 사

한자 성어	뜻
101 事必歸正	사필귀정 (事 일 사 必 반드시 필 歸 돌아갈 귀 正 바를 정) '모든 일은 반드시 바른길로 돌아감.'

	한자 성어	뜻
102	實事求是	실사구시 (實 열매 실 事 일 사 求 구할 구 是 이 시) '사실에 토대를 두어 진리를 탐구하는 일.' 공리공론을 떠나서 정확한 고증을 바탕으로 하는 과학적·객관적 학문 태도를 이른 것으로, 중국 청나라 고증학의 학문 태도에서 볼 수 있다. 조선 시대 실학파의 학문에 큰 영향을 주었다.
103	蓋棺事定	개관사정 (蓋 덮을 개 棺 널 관 事 일 사 定 정할 정) '시체를 관에 넣고 뚜껑을 덮은 후에야 비로소 그 사람의 살아 있을 때의 가치를 알 수 있다'는 말.
104	事親以孝	사친이효 (事 일 사 親 친할 친 以 써 이 孝 효도 효) 세속 오계의 한 가지. '어버이를 효도로 섬김.'
105	好事多魔	호사다마 (好 좋을 호 事 일 사 多 많을 다 魔 마귀 마) '좋은 일에는 흔히 방해되는 일이 많음.' 또는 그런 일이 많이 생김.

33 難 어려울 난

한자 성어	뜻
106 難兄難弟	난형난제 (難 어려울 난 兄 형 형 弟 아우 제) '누구를 형이라 하고 누구를 아우라 하기 어렵다'는 뜻으로, 두 사물의 낫고 못함을 분간하기 어려움의 비유.
107 莫上莫下 [유의어]	막상막하 (莫 없을 막 上 윗 상 下 아래 하) 더 낫고 더 못함의 차이가 거의 없음.
108 百難之中	백난지중 (百 일백 백 難 어려울 난 之 갈 지 中 가운데 중) 온갖 역경과 고난을 겪는 중이라는 뜻이다.

34 功 공 공

한자 성어	뜻
109 論功行賞	논공행상 (論 논할 논(론) 功 공 공 行 다닐 행 賞 상줄 상) 공적의 크고 작음 따위를 논의하여 그에 알맞은 상을 줌.
110 螢雪之功	형설지공 (螢 반딧불이 형 雪 눈 설 之 갈 지 功 공 공) '반딧불·눈과 함께하는 노력'이라는 뜻으로, 고생을 하면서 부지런하고 꾸준하게 공부하는 자세를 이르는 말.

35 兔(兎) 토끼 토

한자 성어	뜻
111 守株待兔	**수주대토** (守 지킬 수 株 그루 주 待 기다릴 대 兔 토끼 토) '그루터기를 지키는 옛날 방법으로 토끼를 기다린다.'는 뜻으로, 한 가지 일에만 얽매여 발전을 모르는 어리석은 사람을 비유적으로 이르는 말.
112 兔死狗烹	**토사구팽** (兔 토끼 토 死 죽을 사 狗 개 구 烹 삶을 팽) '토끼가 죽으면 사냥개도 필요 없게 되어 삶아 먹히게 된다'는 뜻으로, 필요할 때는 쓰고 필요 없을 때는 야박하게 버리는 경우를 이르는 말.

36 虎 범 호

한자 성어	뜻
113 狐假虎威	**호가호위** (狐 여우 호 假 거짓 가 虎 범 호 威 위엄 위) '여우가 호랑이의 위세를 빌려 호기를 부린다'는 뜻으로, 남의 권세를 빌려 위세를 부림의 비유.

	한자 성어	뜻
114	騎虎之勢	기호지세 (騎 말 탈 기 虎 범 호 之 갈 지 勢 형세 세) '호랑이를 타고 달리는 형세'라는 뜻으로, 이미 시작한 일을 중도에서 그만둘 수 없는 경우를 이르는 말.
115	暴虎馮河	포호빙하 (暴 해칠 포 虎 범 호 馮 탈 빙(성씨 풍) 河 물 하) '맨손으로 범을 때려잡고 걸어서 황허강을 건넌다'는 뜻으로, 용기는 있으나 무모함을 이르는 말.

37 食 밥 식

	한자 성어	뜻
116	三旬九食	삼순구식 (三 석 삼 旬 열흘 순 九 아홉 구 食 밥 식) '삼십 일 동안에 아홉 끼니만 먹는다'는 뜻으로, 몹시 가난함.
117	發憤忘食	발분망식 (發 필 발 憤 분할 분 忘 잊을 망 食 밥 식) '끼니까지도 잊을 정도로 어떤 일에 열중하여 노력함.'

38 楚 초나라 초

	한자 성어	뜻
118	四面楚歌	**사면초가** (四 넉 사 面 낯 면 楚 초나라 초 歌 노래 가) '사면(四面)에서 들리는 적군인 초나라의 노래'라는 뜻으로, 아무에게도 도움을 받지 못하는, 외롭고 곤란한 지경에 빠진 형편을 이르는 말 ≒ 진퇴양난(進退兩難), 진퇴유곡(進退維谷).
119	間於齊楚	**간어제초** (間 사이 간 於 어조사 어 齊 가지런할 제 楚 초나라 초) '약한 자가 강한 자들 사이에 끼여 괴로움을 받음'을 이르는 말. 중국의 주나라 말엽 등나라가 제나라와 초나라 사이에 끼어서 괴로움을 겪었다는 데서 유래한다.

39 笑 웃음 소

한자 성어	뜻
120 談笑自若	**담소자약** (談 말씀 담 笑 웃음 소 自 스스로 자 若 같을 약) 위험(危險)에 직면(直面)해도 변(變)함없이 평상시와 같은 태도를 가짐.
121 破顔大笑	**파안대소** (破 깨뜨릴 파 顔 낯 안 大 클 대 笑 웃음 소) 매우 즐거운 표정으로 활짝 웃음.
122 拍掌大笑	**박장대소** (拍 칠 박 掌 손바닥 장 大 클 대 笑 웃음 소) 손뼉을 치며 크게 웃음.

40 膽 쓸개 담

한자 성어	뜻
123 臥薪嘗膽	**와신상담** (臥 누울 와 薪 섶 신 嘗 맛볼 상 膽 쓸개 담) '불편한 섶에 몸을 눕히고 쓸개를 맛본다'는 뜻으로, 원수를 갚거나 마음먹은 일을 이루기 위하여 온갖 어려움과 괴로움을 참고 견딤을 이르는 말.
124 肝膽相照	**간담상조** (肝 간 간 膽 쓸개 담 相 서로 상 照 비칠 조) '간과 쓸개를 내놓고 서로에게 내보인다'라는 뜻으로, 서로 마음을 터놓고 친밀(親密)히 사귐.

41 恥 부끄러울 치

한자 성어	뜻
125 不恥下問	**불치하문** (不 아닐 불 恥 부끄러울 치 下 아래 하 問 물을 문) '손아랫사람이나 지위나 학식이 자기만 못한 사람에게 모르는 것을 묻는 일을 부끄러워하지 아니함.'
126 厚顔無恥	**후안무치** (厚 두터울 후 顔 낯 안 無 없을 무 恥 부끄러울 치) '뻔뻔스러워 부끄러움이 없음.'
127 破廉恥漢	**파렴치한** (破 깨뜨릴 파 廉 청렴할 렴(염) 恥 부끄러울 치 漢 한수 한) '체면이나 부끄러움을 모르는 뻔뻔스러운 사람'

42 相 서로 상

한자 성어	뜻
128 類類相從	**유유상종** (類 무리 유(류) 相 서로 상 從 좇을 종) '같은 무리끼리 서로 사귐.'

한자 성어	뜻
129 教學相長	교학상장 (教 가르칠 교 學 배울 학 相 서로 상 長 길 장) '가르침과 배움이 서로 진보(進步)시켜 준다.' 는 뜻으로, 1) 사람에게 가르쳐 주거나 스승에게 배우거나 모두 자신의 학업을 증진시킴. 2) 가르치는 일과 배우는 일이 서로 자신의 공부를 진보시킴.
130 名實相符	명실상부 (名 이름 명 實 열매 실 相 서로 상 符 확실할 부) '이름과 실상이 서로 꼭 맞음.'

43 自 스스로 자

한자 성어	뜻
131 自家撞着	자가당착 (自 스스로 자 家 집 가 撞 칠 당 着 붙을 착) '자신의 말이나 행동이 앞뒤가 서로 맞지 아니하고 모순됨.'
132 登高自卑	등고자비 (登 오를 등 高 높을 고 自 스스로 자 卑 낮을 비) 1) '높은 곳에 오르려면 낮은 곳에서부터 오른다'는 뜻으로, 일을 순서대로 하여야 함을 이르는 말. 2) 지위가 높아질수록 자신을 낮춤을 이르는 말.

	한자 성어	뜻
133	自繩自縛	자승자박 (自 스스로 자 繩 노끈 승 自 스스로 자 縛 얽을 박) '자기의 줄로 자기 몸을 옭아 묶는다'는 뜻으로, 자기가 한 말과 행동에 자기 자신이 옭혀 곤란하게 됨을 이르는 말.
134	自中之亂	자중지란 (自 스스로 자 中 가운데 중 之 갈 지 亂 어지러울 란(난)) '같은 편끼리 하는 싸움.'
135	各自圖生	각자도생 (各 각각 각 自 스스로 자 圖 도모할 도 生 날 생) '제각기 살길을 도모함.'
136	自屈之心	자굴지심 (自 스스로 자 屈 굽힐 굴 之 갈 지 心 마음 심) '스스로 자기를 굽히는 마음.'
137	茫然自失	망연자실 (茫 아득할 망 然 그럴 연 自 스스로 자 失 잃을 실) '멍하니 정신을 잃음.'

44 無 없을 무

한자 성어	뜻
138 傍若無人	**방약무인** (傍 곁 방 若 같을 약 無 없을 무 人 사람 인) '곁에 사람이 없는 것처럼 아무 거리낌 없이 함부로 말하고 행동하는 태도가 있음.'
139 有名無實	**유명무실** (有 있을 유 名 이름 명 無 없을 무 實 열매 실) '이름만 그럴듯하고 실속은 없음.'
140 四顧無親	**사고무친** (四 넉 사 顧 돌아볼 고 無 없을 무 親 친할 친) '의지할 데가 도무지 없음.'
141 眼下無人	**안하무인** (眼 눈 안 下 아래 하 無 없을 무 人 사람 인) '눈 아래에 사람이 없다'는 뜻으로, 방자하고 교만하여 남을 업신여김을 이르는 말. = 안중무인(眼中無人)

45 絶 끊을 절

한자 성어	뜻
142 伯牙絶絃	**백아절현** (伯 맏 백 牙 어금니 아 絶 끊을 절 絃 줄 현) '백아가 거문고 줄을 끊어 버렸다.'는 뜻으로, 자기(自己)를 알아주는 절친(切親)한 벗, 즉 지기지우(知己之友)의 죽음을 슬퍼함을 이르는 말.
143 韋編三絶	**위편삼절** (韋 가죽 위 編 엮을 편 三 석 삼 絶 끊을 절) '공자가 주역을 즐겨 읽어 책의 가죽끈이 세 번이나 끊어졌다'는 뜻으로, 책을 열심히 읽음을 이르는 말.

46 强 강할 강

한자 성어	뜻
144 牽强附會	**견강부회** (牽 이끌 견 强 강할 강 附 붙을 부 會 모일 회) '이치에 맞지 않는 말을 억지로 끌어 붙여 자기에게 유리하게 함.'
145 自强不息	**자강불식** (自 스스로 자 强 강할 강 不 아닐 불 息 쉴 식) '스스로 힘써 몸과 마음을 가다듬어 쉬지 아니함.'

47 頭 머리 두

한자 성어	뜻
146 去頭截尾	**거두절미** (去 갈 거 頭 머리 두 截 끊을 절 尾 꼬리 미) 1) 머리와 꼬리를 자름. 2) '요점만 간단히 말함.'
147 烹頭耳熟	**팽두이숙** (烹 삶을 팽 頭 머리 두 耳 귀 이 熟 익을 숙) '머리를 삶으면 귀까지 익는다'는 뜻으로, 한 가지 일이 잘되면 다른 일도 저절로 이루어짐의 비유.
148 猫頭懸鈴	**묘두현령** (猫 고양이 묘 頭 머리 두 懸 달 현 鈴 방울 령(영)) '쥐가 고양이 목에 방울을 단다'는 뜻으로, 실행할 수 없는 헛된 논의를 이르는 말.
149 龍頭蛇尾	**용두사미** (龍 용 룡(용) 頭 머리 두 蛇 긴 뱀 사 尾 꼬리 미) '용의 머리와 뱀의 꼬리'라는 뜻으로, 처음은 왕성하나 끝이 부진한 현상을 이르는 말.

48 齒 이 치

	한자 성어	뜻
150	脣亡齒寒	**순망치한** (脣 입술 순 亡 망할 망 齒 이 치 寒 찰 한) '**입술이 없으면 이가 시리다**'는 뜻으로, 서로 이해관계가 밀접한 사이에 어느 한쪽이 망하면 다른 한쪽도 그 영향을 받아 온전하기 어려움을 이르는 말.
151	丹脣皓齒	**단순호치** (丹 붉을 단 脣 입술 순 皓 흴 호 齒 이 치) '**붉은 입술과 흰 이**'의 뜻으로, 아름다운 여자. = 경국지색(傾國之色), 절세가인(絕世佳人)
152	角者無齒	**각자무치** (角 뿔 각 者 놈 자 無 없을 무 齒 이 치) '**뿔이 있는 짐승은 이가 없다**'는 뜻으로, 사람이 여러 가지 복을 겸하지 못함을 이름.

49 刻 새길 각

한자 성어	뜻
153 刻舟求劍	**각주구검** (刻 새길 각 舟 배 주 求 구할 구 劍 칼 검) '나라 사람이 칼이 떨어진 위치를 배에 표시하였다가 칼을 찾았다'는 데서 유래하는 말로, 세상일(世上-)에 어리석으며 융통성이 없음을 의미함.
154 命在頃刻	**명재경각** (命 목숨 명 在 있을 재 頃 이랑 경 刻 새길 각) '목숨이 경각(頃刻)에 달렸다.'는 뜻으로 거의 죽게 되어 곧 숨이 끊어질 지경에 이름.
155 刻骨難忘	**각골난망** (刻 새길 각 骨 뼈 골 難 어려울 난 忘 잊을 망) '입은 은혜(恩惠)에 대한 고마움이 뼈에 사무쳐 잊히지 아니함.'
156 刻苦勉勵	**각고면려** (刻 새길 각 苦 쓸 고 勉 힘쓸 면 勵 힘쓸 려(여)) '고생을 무릅쓰고 부지런히 힘씀.'

50 千 일천 천 / 一 한 일

한자 성어	뜻
157 千慮一失	천려일실 (千 일천 천 慮 생각할 려(여) 一 한 일 失 잃을 실) '천 번 생각에 한 번 실수'라는 뜻으로, 슬기로운 사람이라도 여러 가지 생각 가운데에는 잘못되는 것이 있을 수 있음을 이르는 말.
158 千載一遇	천재일우 (千 일천 천 載 실을 재 一 한 일 遇 만날 우) '천 년 동안 단 한 번 만난다'는 뜻으로, 좀처럼 만나기 어려운 좋은 기회를 이르는 말.
159 千慮一得	천려일득 (千 일천 천 慮 생각할 려(여) 一 한 일 得 얻을 득) '천 번을 생각하여 하나를 얻는다'는 뜻으로, 어리석은 사람이라도 많은 생각을 하면 그 과정에서 한 가지쯤은 좋은 것이 나올 수 있음을 이르는 말.

51 東 동녘 동

한자 성어	뜻
160 東奔西走	동분서주 (東 동녘 동 奔 달릴 분 西 서녘 서 走 달릴 주) '동쪽으로 뛰고 서쪽으로 뛴다.'는 뜻으로, 이리저리 바쁘게 돌아다님.
161 聲東擊西	성동격서 (聲 소리 성 東 동녘 동 擊 칠 격 西 서녘 서) '소리를 동녘에서 낸 후 적(敵)은 서쪽에서 친다'는 뜻으로, 적을 유인하여 이쪽을 공격하는 체하다가 그 반대쪽을 치는 전술.

52 言 말씀 언

한자 성어	뜻
162 巧言令色	교언영색 (巧 공교할 교 言 말씀 언 令 하여금 영(령) 色 빛 색) '말을 교묘(巧妙)하게 하고 얼굴빛을 꾸민다.'라는 뜻으로, 아첨하는 말과 알랑거리는 태도.
163 言中有骨	언중유골 (言 말씀 언 中 가운데 중 有 있을 유 骨 뼈 골) '말 속에 뼈가 있다'는 뜻으로, 예사로운 말 속에 단단한 속뜻이 들어 있음을 이르는 말.

한자 성어	뜻
164 有口無言	**유구무언** (有 있을 유 口 입 구 無 없을 무 言 말씀 언) '**입은 있어도 말이 없다**'는 뜻으로, 변명할 말이 없음을 이르는 말.
165 緘口無言	**함구무언** (緘 봉할 함 口 입 구 無 없을 무 言 말씀 언) '**입을 다물고 아무 말도 하지 아니함.**'
166 豪言壯談	**호언장담** (豪 호걸 호 言 말씀 언 壯 장할 장 談 말씀 담) '**호기롭고 자신 있게 말함. 또는 그 말.**'

53 馬 말 마

한자 성어	뜻
167 指鹿爲馬	**지록위마** (指 가리킬 지 鹿 사슴 록(녹) 爲 할 위 馬 말 마) '**사슴을 가리켜 말이라고 한다.**'는 뜻으로, 1) 가짜를 사실로 만들어 강압으로 인정하게 만듦. 2) 윗사람을 농락하여 권세를 마음대로 함을 이르는 말.

한자 성어	뜻
168 走馬看山	주마간산 (走 달릴 주 馬 말 마 看 볼 간 山 메 산) '말을 타고 달리며 산천을 구경한다'는 뜻으로, 자세히 살피지 아니하고 대충대충 보고 지나감을 이르는 말.
169 犬馬之勞	견마지로 (犬 개 견 馬 말 마 之 갈 지 勞 일할 로(노)) '개나 말의 하찮은 힘'이라는 뜻으로, 윗사람에게 충성을 다하는 자신의 노력을 낮추어 이르는 말.
170 泣斬馬謖	읍참마속 (泣 울 읍 斬 벨 참 馬 말 마 謖 일어날 속) '울면서 마속의 목을 벤다'는 뜻으로, 큰 목적을 위하여 자기가 아끼는 사람을 버림을 이르는 말.
171 馬耳東風	마이동풍 (馬 말 마 耳 귀 이 東 동녘 동 風 바람 풍) '동풍이 말의 귀를 스쳐 간다'는 뜻으로, 남의 말을 귀담아듣지 아니하고 지나쳐 흘려버림을 이르는 말.
172 走馬加鞭	주마가편 (走 달릴 주 馬 말 마 加 더할 가 鞭 채찍 편) '달리는 말에 채찍질한다'는 뜻으로, 잘하는 사람을 한층 더 장려함을 이르는 말.

54 輾 돌아누울 전

한자 성어	뜻
173 輾轉不寐	**전전불매** (輾 돌아누울 전 轉 구를 전 不 아닐 불 寐 잘 매) '누워서 몸을 이리저리 뒤척이며 잠을 이루지 못함.' = 전전반측(輾轉反側)
174 輾轉反側	**전전반측** (輾 돌아누울 전 轉 구를 전 反 돌이킬 반/돌아올 반 側 곁 측) '걱정거리로 마음이 괴로워 잠을 이루지 못함'을 이르는 말.
175 [유의어] 戰戰兢兢	**전전긍긍** (戰 싸움 전 兢 떨릴 긍) '전전(戰戰)'은 '두려워하여 벌벌 떠는 것.' '긍긍(兢兢)'은 '조마조마하는 것으로 벌벌 떨며 조심함.'

55 魚 물고기 어

한자 성어	뜻
176 緣木求魚	**연목구어** (緣 인연 연 木 나무 목 求 구할 구 魚 물고기 어) '나무에 올라가서 물고기와의 인연을 구한다'는 뜻으로, 도저히 불가능한 일을 굳이 하려 함.
177 魚魯不辨	**어로불변** (魚 물고기 어 魯 노나라 로(노) 不 아닐 불 辨 분별할 변) '어(魚) 자와 노(魯) 자를 구별하지 못한다'는 뜻으로, 아주 무식함을 비유적으로 이르는 말.
178 一魚濁水	**일어탁수** (一 한 일 魚 물고기 어 濁 흐릴 탁 水 물 수) '한 마리의 물고기가 물을 흐린다'는 뜻으로, 한 사람의 잘못으로 여러 사람이 피해를 입게 됨을 이르는 말.
179 殃及池魚	**앙급지어** (殃 재앙 앙 及 미칠 급 池 못 지 魚 물고기 어) '재앙이 연못의 고기에 미친다'는 뜻으로, 까닭 없이 화를 당함을 비유하는 말.

	한자 성어	뜻
180	射魚指天	사어지천 (射 쏠 사 魚 물고기 어 指 가리킬 지 天 하늘 천) '고기를 잡으려고 하늘을 향(向)해 쏜다.'는 뜻으로, 고기는 물에서 구(求)해야 하는데 하늘에서 구(求)함. 곧 불가능(不可能)한 일을 하려 함을 이르는 말.

56 改 고칠 개

	한자 성어	뜻
181	改過不吝	개과불린 (改 고칠 개 過 허물 과 不 아닐 불 吝 아낄 린(인)) '허물을 고치는 일에 인색하지 않음.'
182	改過遷善	개과천선 (改 고칠 개 過 허물 과 遷 옮길 천 善 착할 선) '지난날의 잘못을 고치어 착하게 됨.' = 개선광정(改善匡正: 改 고칠 개 善 착할 선 匡 바를 광 正 바를 정): 새롭게 잘못을 고치고 바로잡음.
183	朝變夕改	조변석개 (朝 아침 조 變 변할 변 夕 저녁 석 改 고칠 개) '아침저녁으로 뜯어고친다'는 뜻으로, 계획이나 결정 따위를 일관성이 없이 자주 고침을 이르는 말.

57 隔 사이 뜰 격

한자 성어	뜻
184 隔靴搔癢	**격화소양** (隔 사이 뜰 격 靴 신 화 搔 긁을 소 癢 가려울 양) '**신을 신고 발바닥을 긁는다**'는 뜻으로, 성에 차지 않거나 철저하지 못한 안타까움. = 隔靴爬痒(격화파양)
185 隔世之感	**격세지감** (隔 사이 뜰 격 世 인간 세 之 갈 지 感 느낄 감) 다른 세상이 되어버린 느낌. '**시간이 흘러 많은 변화가 있었음**'을 비유하는 말.

58 桑 뽕나무 상

한자 성어	뜻
186 滄桑世界	**창상세계** (滄 큰 바다 창 桑 뽕나무 상 世 인간 세 界 지경 계) '**뽕나무 밭이 바다로 변한다**'는 뜻으로, 세상이 몰라볼 정도로 변함을 비유한 말. = 상전벽해(桑田碧海 : 桑 뽕나무 상 田 밭 전 碧 푸를 벽 海 바다 해) : 뽕나무 밭이 변하여 푸른 바다가 된다는 뜻으로, 세상일이 덧없이 변천함이 심함을 비유하는 말. = 창상지변(滄桑之變)

59 動 움직일 동

한자 성어	뜻
187 搖之不動	요지부동 (搖 흔들 요 之 갈 지 不 아닐 부 動 움직일 동) '흔들어도 꼼짝하지 아니함.'
188 輕擧妄動	경거망동 (輕 가벼울 경 擧 들 거 妄 망령될 망 動 움직일 동) '경솔하여 생각 없이 망령되게 행동함.'

60 新 새 신

한자 성어	뜻
189 溫故知新	온고지신 (溫 따뜻할 온 故 연고 고 知 알 지 新 새 신) '옛것을 익히고 그것을 미루어서 새것을 앎.'
190 法古創新	법고창신 (法 법 법 古 옛 고 創 비롯할 창 新 새 신) '옛것에서 비롯하여 새로운 것을 만들다.' 는 뜻으로, 옛것에 토대(土臺)를 두되 그것을 변화(變化)시킬 줄 알고 새 것을 만들어 가되 근본(根本)을 잃지 않아야 한다는 뜻.

61 得 얻을 득

한자 성어	뜻
191 一擧兩得	**일거양득** (一 한 일 擧 들 거 兩 두 양(량) 得 얻을 득) '한 가지 일을 하여 두 가지 이익을 얻음.'
192 得隴望蜀	**득롱망촉** (得 얻을 득 隴 고개 이름 롱 望 바랄 망 蜀 나라 이름 촉) '농서 지방을 얻으니 촉 땅이 탐난다', 인간의 욕심이 끝이 없다.
193 種瓜得瓜	**종과득과** (種 씨 종 瓜 오이 과 得 얻을 득) '오이를 심으면 반드시 오이가 나온다'는 뜻으로, 원인에 따라 결과가 생김을 이르는 말.

62 一 한 일

한자 성어	뜻
194 一望無際	**일망무제** (一 한 일 望 바랄 망 無 없을 무 際 끝 제) '한눈에 바라볼 수 없을 정도로 아득하게 멀고 넓어서 끝이 없음.'

	한자 성어	뜻
195	乾坤一擲	건곤일척 (乾 하늘 건 坤 땅 곤 一 한 일 擲 던질 척) '운명을 걸고 단판걸이로 승부를 겨룸.'
196	一敗塗地	일패도지 (一 한 일 敗 패할 패 塗 칠할 도 地 땅 지) '한 번 패하여 땅에 떨어진다'는 뜻으로, 여지없이 패하여 다시 일어날 수 없게 되는 지경에 이름을 이르는 말.
197	季布一諾	계포일낙 (季 끝 계 布 베풀 포 一 한 일 諾 허락할 낙) '계포가 한번 한 약속'이라는 뜻으로, 약속을 반드시 지킴.

63 出 날 출

	한자 성어	뜻
198	靑出於藍	청출어람 (靑 푸를 청 出 날 출 於 어조사 어 藍 쪽 람(남)) '쪽에서 뽑아낸 푸른 물감이 쪽보다 더 푸르다'는 뜻으로, 제자나 후배가 스승이나 선배보다 나음.
199	杜門不出	두문불출 (杜 막을 두 門 문 문 不 아닐 불 出 날 출) '집에만 틀어박혀 세상 밖에 나가지 않음.'

64 磨 갈 마

한자 성어	뜻
200 磨杵作針	**마저작침** (磨 갈 마 杵 공이 저 作 만들 작 針 바늘 침) '**쇠공이를 갈아서 바늘을 만든다.**'는 뜻으로, 아무리 이루기 힘든 일도 끊임없는 노력과 인내로 성공함. 끈기 있게 학문이나 일에 힘씀. = 마부작침(磨斧作針), 마부위침(磨斧爲針)
201 切磋琢磨	**절차탁마** (切 끊을 절 磋 갈 차 琢 다듬을 탁 磨 갈 마) '**옥이나 돌 따위를 갈고 닦아서 빛을 낸다**'는 뜻으로, 부지런히 학문과 덕행을 닦음을 이르는 말.
202 [유의어] *愚公移山	**우공이산** (愚 어리석을 우 公 공평할 공 移 옮길 이 山 메 산) *절차탁마와 유의어 '**우공이 산을 옮긴다**'는 뜻으로, 어떤 일이든 끊임없이 노력하면 반드시 이루어짐을 이르는 말.

65 血 피 혈

한자 성어	뜻
203 屍山血海	**시산혈해** (屍 주검 시 山 메 산 血 피 혈 海 바다 해) '사람의 시체가 산같이 쌓이고 피가 바다같이 흐름.'
204 鳥足之血	**조족지혈** (鳥 새 조 足 발 족 之 갈 지 血 피 혈) '새 발의 피'라는 뜻으로, 매우 적은 분량을 비유적으로 이르는 말.
205 [유의어] 滄海一粟	**창해일속** (滄 큰 바다 창 海 바다 해 一 한 일 粟 조 속) '아주 많거나 넓은 것 가운데 있는 매우 하찮고 작은 것' = 구우일모(九牛一毛: 九 아홉 구 牛 소 우 一 한 일 毛 터럭 모): 아홉 마리의 소 가운데 박힌 하나의 털이란 뜻으로, 매우 많은 것 가운데 극히 적은 수를 이르는 말.

204와 205는 유의어로 묶여 있음.

66 勢 형세 세

한자 성어	뜻
206 虛張聲勢	**허장성세** (虛 빌 허 張 세게 할 장 聲 소리 성 勢 형세 세) 실속은 없으면서 큰소리치거나 허세를 부림.
207 鼎足之勢	**정족지세** (鼎 솥 정 足 발 족 之 갈 지 勢 형세 세) '솥발처럼 셋이 맞서 대립한 형세.'
208 伯仲之勢	**백중지세** (伯 맏 백 仲 버금 중 之 갈 지 勢 형세 세) 우열의 차이(差異)가 없이 엇비슷함을 이르는 말.

67 說 말씀 설

한자 성어	뜻
209 名論卓說	명론탁설 (名 이름 명 論 논할 론(논) 卓 높을 탁 說 말씀 설) '훌륭하고 이름난 이론이나 학설.'
210 街談巷說	가담항설 (街 거리 가 談 말씀 담 巷 거리 항 說 말씀 설) 1) '길거리나 세상 사람들 사이에 떠도는 이야기.' 2) 세상에 떠도는 뜬 소문(所聞).
211 道聽塗說	도청도설 (道 길 도 聽 들을 청 塗 칠할 도 說 말씀 설) '길거리에 퍼져 돌아다니는 뜬소문.'
212 語不成說	어불성설 (語 말씀 어 不 아닐 불 成 이룰 성 說 말씀 설) '말이 조금도 사리에 맞지 않음.'
213 說往說來	설왕설래 (說 말씀 설 往 갈 왕 來 올 래(내)) '서로 변론을 주고받으며 옥신각신함.' 또는 말이 오고 감.

68 苦 쓸 고

	한자 성어	뜻
214	鶴首苦待	**학수고대** (鶴 학 학 首 머리 수 苦 쓸 고 待 기다릴 대) '학의 목처럼 목을 길게 빼고 간절히 기다림.'
215	艱難辛苦	**간난신고** (艱 어려울 간 難 어려울 난 辛 매울 신 苦 쓸 고) '몹시 힘들고 어려우며 고생스러움.'
216	[유의어] 櫛風沐雨	**즐풍목우** (櫛 빗 즐 風 바람 풍 沐 머리 감을 목 雨 비 우) '바람으로 머리 빗고 비로 머리 감는다'는 뜻으로, 오랫동안 객지로 떠도는 고생을 의미한다.
217	苦肉之策	**고육지책** (苦 쓸 고 肉 고기 육 之 갈 지 策 꾀 책) '적을 속이기 위하여 자신의 괴로움을 무릅쓰고 꾸미는 계책.' = 고육지계(苦肉之計)

69 甘 달 감

한자 성어	뜻
218 甘吞苦吐	감탄고토 (甘 달 감 吞 삼킬 탄 苦 쓸 고 吐 토할 토) '달면 삼키고 쓰면 토한다'는 뜻으로, 자신의 비위에 따라서 옳고 그름을 판단함.
219 甘言利說	감언이설 (甘 달 감 言 말씀 언 利 이로울 리(이) 說 말씀 설) '남의 비위에 맞게 꾸민 달콤한 말과 이로운 조건을 내세워 꾀는 말.'

70 夏 여름 하

한자 성어	뜻
220 夏爐冬扇	하로동선 (夏 여름 하 爐 화로 로(노) 冬 겨울 동 扇 부채 선) '여름의 화로와 겨울의 부채'라는 뜻으로, 격(格)이나 철에 맞지 아니함을 이르는 말.
221 夏蟲疑氷	하충의빙 (夏 여름 하 蟲 벌레 충 疑 의심할 의 氷 얼음 빙) '여름 벌레는 얼음을 안 믿는다'는 뜻으로, 식견이 좁음을 의미하는 말.

71 井 우물 정

한자 성어	뜻
222 渴而穿井	갈이천정 (渴 목마를 갈 而 말 이을 이 穿 뚫을 천 井 우물 정) 준비 없이 있다가 어떤 일이 일어난 뒤 해결하려고 서둘러 봐야 아무 소용이 없음을 의미하는 말.
223 井底之蛙	정저지와 (井 우물 정 底 밑 저 之 갈 지 蛙 개구리 와) '우물 밑의 개구리'라는 뜻으로, 견문(見聞)이 몹시 좁음.
224 井中觀天	정중관천 (井 우물 정 中 가운데 중 觀 볼 관 天 하늘 천) '우물 속에 앉아서 하늘을 본다'는 뜻으로, 사람의 견문(見聞)이 매우 좁음을 이르는 말.

72 石 돌 석

한자 성어	뜻
225 下穽投石	하정투석 (下 아래 하 穽 함정 정 投 던질 투 石 돌 석) '함정에 빠진 사람에게 돌을 떨어뜨린다'는 뜻으로, 어려운 처지에 놓인 사람을 도와주기는커녕 도리어 괴롭힘을 비유적으로 이르는 말.

한자 성어	뜻
226 電光石火	전광석화 (電 번개 전 光 빛 광 石 돌 석 火 불 화) '번갯불이나 부싯돌의 불이 번쩍거리는 것과 같이 매우 짧은 시간이나 매우 재빠른 움직임' 따위를 비유적으로 이르는 말.
227 泉石膏肓	천석고황 (泉 샘 천 石 돌 석 膏 기름 고 肓 명치끝 황) '자연의 아름다운 경치를 몹시 사랑하고 즐기는 성벽(性癖).' = 연하고질

73 明 밝을 명

한자 성어	뜻
228 明若觀火	명약관화 (明 밝을 명 若 같을 약 觀 볼 관 火 불 화) '불을 보듯 분명함. 뻔함.'
229 明鏡止水	명경지수 (明 밝을 명 鏡 거울 경 止 그칠 지 水 물 수) '맑은 거울과 고요한 물'이란 뜻으로, 맑고 고요한 심경을 이름.

74 思 생각 사

한자 성어	뜻
230 易地思之	역지사지 (易 바꿀 역 地 땅 지 思 생각 사 之 갈 지) '처지를 바꾸어서 생각함.'
231 見利思義	견리사의 (見 볼 견 利 이로울 리(이) 思 생각 사 義 옳을 의) '눈앞의 이익을 보면 의리를 먼저 생각함.'

75 間 사이 간

한자 성어	뜻
232 犬猿之間	견원지간 (犬 개 견 猿 원숭이 원 之 갈 지 間 사이 간) '개와 원숭이의 사이'처럼 사이가 매우 나쁜 두 관계를 이르는 말.
233 氷炭之間	빙탄지간 (氷 얼음 빙 炭 숯 탄 之 갈 지 間 사이 간) '얼음과 숯 사이'란 뜻으로, 1) 둘이 서로 어긋나 맞지 않는 사이 2) 서로 화합(和合)할 수 없는 사이.

76 目 눈 목

한자 성어	뜻
234 刮目相對	**괄목상대** (刮 긁을 괄 目 눈 목 相 서로 상 對 대할 대) '눈을 비비고 상대편을 본다'는 뜻으로, 남의 학식이나 재주가 놀랄 만큼 부쩍 는 것을 일컬음.
235 [유의어] 日就月將	**일취월장** (日 날 일 就 나아갈 취 月 달 월 將 장수 장) '날로 달로 진보함'. = 일취. 일장월취. 장취.
236 目不之書	**목불지서** (目 눈 목 不 아닐 불 之 갈 지 書 글 서) '눈으로 책을 알지 못함.'
237 西施矉目	**서시빈목** (西 서녘 서 施 베풀 시 矉 찡그릴 빈 目 눈 목) '월나라의 유명(有名)한 미인(美人) 서시가 눈을 찌푸린 것을 아름답게 본 못난 여자가 그 흉내를 내고 다녀 더욱 싫게 보였다는 고사(故事)'에서 유래한 말로, 분수를 생각하지 않고 무조건 남을 따라하는 것을 비유하는 말.

77 見 볼 견

한자 성어	뜻
238 見蚊拔劍	견문발검 (見 볼 견 蚊 모기 문 拔 뽑을 발 劍 칼 검) '모기를 보고 칼을 뺀다'는 뜻으로, 사소한 일에 크게 성내어 덤빔.
239 見物生心	견물생심 (見 볼 견 物 물건 물 生 날 생 心 마음 심) 어떠한 실물을 보게 되면 그것을 가지고 싶은 욕심이 생김.

78 信 믿을 신

한자 성어	뜻
240 尾生之信	미생지신 (尾 꼬리 미 生 날 생 之 갈 지 信 믿을 신) 사기(史記)에 나오는 말로, '신의가 굳음. 또는 우직하여 융통성이 없음'을 이르는 말.
241 半信半疑	반신반의 (半 반 반 信 믿을 신 疑 의심할 의) '얼마쯤 믿으면서도 한편으로는 의심함.'

79 命 목숨 명

한자 성어	뜻
242 佳人薄命	가인박명 (佳 아름다울 가 人 사람 인 薄 엷을 박 命 목숨 명) '아름다운 여자는 수명이 짧음' = 미인박명(美人薄命)
243 見危致命	견위치명 (見 볼 견 危 위태할 위 致 이를 치 命 목숨 명) '나라가 위급할 때 자기의 몸을 나라에 바침.' = 견위수명(見 볼 견 危 위태할 위 授 줄 수 命 목숨 명)

80 萬 일 만 만

한자 성어	뜻
244 波瀾萬丈	파란만장 (波 물결 파 瀾 물결 란(난) 萬 일 만 만 丈 어른 장) '사람의 생활이나 일의 진행이 여러 가지 곡절과 시련이 많고 변화가 심함.'

81 變 변할 변

한자 성어	뜻
245 臨機應變	**임기응변** (臨 임할 림(임) 機 틀 기 應 응할 응 變 변할 변) '그때그때 처한 형편에 맞추어 그 자리에서 결정하거나 처리함.' = 응변(應變), 언발에 오줌 누기, 　미봉책(彌縫策), 임시방편(臨時方便)

82 聞 들을 문

한자 성어	뜻
246 前代未聞	**전대미문** (前 앞 전 代 대신할 대 未 아닐 미 聞 들을 문) '이제까지 들어 본 적이 없다.'는 뜻으로, 매우 놀랍거나 새로운 일을 이르는 말.
247 聞一知十	**문일지십** (聞 들을 문 一 한 일 知 알 지 十 열 십) '한 가지를 들으면 열을 미루어 앎.'

83 三 석 삼

한자 성어	뜻
248 朝三暮四	**조삼모사** (朝 아침 조 三 석 삼 暮 저물 모 四 넉 사) [중국 송(宋)나라 때, 원숭이들에게 상수리를 아침에 세 개, 저녁에 네 개씩 주겠다고 하니 원숭이들이 적다고 화를 내어 아침에 네 개, 저녁에 세 개씩 준다고 하자 좋아하였다는 우화(寓話)에서 나온 말: 열자(列子)에 나오는 말] 간사한 꾀로 남을 속여 희롱함을 이르는 말.
249 吾鼻三尺	**오비삼척** (吾 나 오 鼻 코 비 三 석 삼 尺 자 척) '내 코가 석 자'라는 뜻으로, 자기 사정이 급하여 남을 돌볼 겨를이 없음을 이르는 말.

84 直 곧을 직

	한자 성어	뜻
250	單刀直入	**단도직입** (單 홑 단 刀 칼 도 直 곧을 직 入 들 입) 1) '혼자서 칼을 휘두르며 거침없이 적진으로 쳐들어간다'는 뜻으로, 여러 말을 늘어놓지 아니하고 요점을 바로 말함을 이르는 말. 예 단도직입적으로 따져 묻다. 2) [불교] 생각과 분별과 말에 거리끼지 않고 진실의 경계로 바로 들어감.
251	矯枉過直	**교왕과직** (矯 바로잡을 교 枉 굽을 왕 過 지날 과 直 곧을 직) '잘못을 바로잡으려다가 지나쳐 오히려 나쁘게 됨.'

85 骨 뼈 골

한자 성어	뜻
252 鷄卵有骨	**계란유골** (鷄 닭 계 卵 알 란(난) 有 있을 유 骨 뼈 골) '달걀에도 뼈가 있다'는 뜻으로, 운수가 나쁜 사람은 모처럼 좋은 기회를 만나도 역시 일이 잘 안됨을 이르는 말.
253 換骨奪胎	**환골탈태** (換 바꿀 환 骨 뼈 골 奪 빼앗을 탈 胎 아이 밸 태) '뼈를 바꾸어 끼고 태를 바꾸어 쓴다'는 뜻으로, 고인의 시문의 형식을 바꾸어서 그 짜임새와 수법이 먼저 것보다 잘되게 함을 이르는 말.

86 安 편안 안

한자 성어	뜻
254 坐不安席	**좌불안석** (坐 앉을 좌 不 아닐 불 安 편안 안 席 자리 석) '마음이 불안하거나 걱정스러워서 한 군데에 가만히 앉아 있지 못하고 안절부절못하는 모양'을 이르는 말.
255 居安思危	**거안사위** (居 살 거 安 편안 안 思 생각 사 危 위태할 위) '평안할 때에도 위험과 곤란(困難)이 닥칠 것을 생각하며 잊지 말고 미리 대비해야 함.'

87 怨 원망할 원

한자 성어	뜻
256 含憤蓄怨	함분축원 (含 머금을 함 憤 분할 분 蓄 모을 축 怨 원망할 원) '분한 마음을 품고 원한을 쌓음.'
257 誰怨誰咎	수원수구 (誰 누구 수 怨 원망할 원 咎 허물 구) '누구를 원망하고 누구를 탓하겠느냐'는 뜻으로, 남을 원망하거나 탓할 것이 없음을 이르는 말. = 수원숙우.

88 指 가리킬 지

한자 성어	뜻
258 指呼之間	지호지간 (指 가리킬 지 呼 부를 호 之 갈 지 間 사이 간) 손짓하여 부를 만큼 가까운 거리.

89 겉과 속이 다름

한자 성어	뜻
259 面從腹背	**면종복배** (面 낯 면 從 좇을 종 腹 배 복 背 등 배) '겉으로는 복종하는 체하면서 내심으로는 배반함.'
260 口蜜腹劍	**구밀복검** (口 입 구 蜜 꿀 밀 腹 배 복 劍 칼 검) '입에는 꿀이 있고 배 속에는 칼이 있다'는 뜻으로, 말로는 친한 듯하나 속으로는 해칠 생각이 있음을 이르는 말.
261 羊頭狗肉	**양두구육** (羊 양 양 頭 머리 두 狗 개 구 肉 고기 육) '양의 대가리를 내어놓고 실은 개고기를 판다'는 뜻으로, 겉으로는 훌륭하게 내세우나 속은 변변찮음. 겉과 속이 서로 다름.
262 表裏不同	**표리부동** (表 겉 표 裏 속 래(이) 不 아닐 부 同 한가지 동) '겉으로 드러나는 언행과 속으로 가지는 생각이 다름.' = 경이원지(敬而遠之: 敬 공경 경 而 말 이을 이 遠 멀 원 之 갈 지): 공경하되 가까이하지는 아니함. 겉으로는 공경(恭敬)하는 체하면서 속으로는 꺼리어 멀리함.

	한자 성어	뜻
263	笑裏藏刀	소리장도 (笑 웃음 소 裏 속 리(이) 藏 감출 장 刀 칼 도) '웃는 마음속에 칼이 있다'는 뜻으로, 겉으로는 웃고 있으나 마음속에는 해칠 마음을 품고 있음을 이르는 말. = 소중유도(笑中有刀: 笑 웃음 소 中 가운데 중 有 있을 유 刀 칼 도) 　소중유검(笑中有劍: 笑 웃음 소 中 가운데 중 有 있을 유 劍 칼 검)

90 마음과 마음이 서로 통함

	한자 성어	뜻
264	以心傳心	이심전심 (以 써 이 心 마음 심 傳 전할 전) '마음과 마음으로 서로 뜻이 통함.'
265	敎外別傳	교외별전 (敎 가르칠 교 外 바깥 외 別 나눌 별 傳 전할 전) 선종(禪宗)에서, 부처의 가르침을 말이나 글에 의하지 않고 바로 '마음에서 마음으로 전하여 진리를 깨닫게 하는 일'
266	心心相印	심심상인 (心 마음 심 相 서로 상 印 도장 인) '마음과 마음으로 뜻이 통함.'

한자 성어	뜻
267 不立文字	불립문자 (不 아닐 불 立 설 립(입) 文 글월 문 字 글자 자) '불도의 깨달음은 문자나 말로써 전하는 것이 아니라 마음에서 마음으로 전한다는 뜻.'
268 拈華微笑	염화미소 (拈 집을 념(염) 華 빛날 화 微 작을 미 笑 웃음 소) '꽃을 집어 들고 웃음을 띠다'란 뜻으로, 말로 하지 않고 마음에서 마음으로 전(傳)하는 일을 이르는 말. 불교에서 이심전심의 뜻으로 쓰이는 말. = 염화시중(拈華示衆: 拈 집을 념(염) 華 빛날 화 示 보일 시 衆 무리 중)

91 평범한 사람들

한자 성어	뜻
269 善男善女	선남선녀 (善 착할 선 男 사내 남 善 착할 선 女 여자 녀(여)) 1) '착하고 어진 사람들' 　= 갑남을녀(甲男乙女), 초동급부(樵童汲婦), 　　장삼이사(張三李四), 필부필부(匹夫匹婦) 2) '불법에 귀의한 남자와 여자를 이르는 말'

92 자신의 분수에 만족하며 삶

	한자 성어	뜻
270	安分知足	**안분지족** (安 편안 안 分 나눌 분 知 알 지 足 만족할 족) '편안한 마음으로 제 분수를 지키며 만족할 줄을 앎.'
271	安貧樂道	**안빈낙도** (安 편안 안 貧 가난할 빈 樂 즐길 낙(락) 道 길 도) '가난한 생활을 하면서도 편안한 마음으로 도를 즐겨 지킴.'
272	簞食瓢飮	**단사표음** (簞 소쿠리 단 食 밥 사 瓢 바가지 표 飮 마실 음) '대나무로 만든 밥그릇에 담은 밥과 표주박에 든 물'이라는 뜻으로, 청빈하고 소박한 생활을 이르는 말. = 단표누항(簞瓢陋巷: 簞 소쿠리 단 瓢 바가지 표 陋 더러울 루(누) 巷 거리 항) : 도시락과 표주박과 누추한 마을이란 뜻으로, 소박한 시골 살림 또는 청빈한 선비의 생활을 비유하는 말.
273	貧而無怨	**빈이무원** (貧 가난할 빈 而 말 이을 이 無 없을 무 怨 원망할 원) '가난하지만 남을 원망하지 않음.'

93 주인과 손의 위치가 바뀜

	한자 성어	뜻
274	主客顚倒	**주객전도** (主 주인 주 客 손 객 顚 엎드러질 전 倒 넘어질 도) '주인과 손의 위치가 서로 뒤바뀐다'는 뜻으로, 사물의 경중·선후·완급 따위가 서로 뒤바뀜을 이르는 말.
275	本末顚倒	**본말전도** (本 근본 본 末 끝 말 顚 엎드러질 전 倒 넘어질 도) 1) 처음과 나중이 뒤바뀜. 2) '일의 근본은 잊고 사소한 부분에 사로잡힘.'

94 부모님을 그리워함.

	한자 성어	뜻
276	望雲之情	**망운지정** (望 바랄 망 雲 구름 운 之 갈 지 情 뜻 정) '멀리 떠나온 자식이 구름을 바라보며 어버이를 그리는 정'을 의미한다.
277	白雲孤飛	**백운고비** (白 흰 백 雲 구름 운 孤 외로울 고 飛 날 비) '흰 구름을 보며 외로워 한다'는 뜻으로, 타향에서 고향에 계신 부모를 생각함.

95 서로를 불쌍히 여김

한자 성어	뜻
278 同病相憐	동병상련 (同 한가지 동 病 병 병 相 서로 상 憐 불쌍히 여길 련(연)) '어려운 처지에 있는 사람끼리 서로 가엾게 여김.'
279 惻隱之心	측은지심 (惻 슬퍼할 측 隱 숨을 은 之 갈 지 心 마음 심) 사단(四端)의 하나. '가엾고 불쌍히 여기는 마음.'

96 흥하고 망함은 예측이 어렵다.

한자 성어	뜻
280 塞翁之馬	새옹지마 (塞 변방 새 翁 늙은이 옹 之 갈 지 馬 말 마) '변방 노인의 말'이라는 뜻으로, 인생사의 변화가 무쌍해서 그 길흉화복을 절대 짐작할 수 없다는 말.
281 興盡悲來	흥진비래 (興 일 흥 盡 다할 진 悲 슬플 비 來 올 래(내)) '즐거운 일이 다하면 슬픈 일이 닥쳐온다'는 뜻으로, 세상일은 순환되는 것임을 이르는 말.

	한자 성어	뜻
282	轉禍爲福	전화위복 (轉 구를 전 禍 재앙 화 爲 할 위 福 복 복) '화가 바뀌어 오히려 복(福)이 된다.'는 뜻으로, 어떤 불행(不幸)한 일이라도 끊임없는 노력과 강인한 의지(意志)로 힘쓰면 불행(不幸)을 행복(幸福)으로 바꾸어 놓을 수 있다는 말.
283	興亡盛衰	흥망성쇠 (興 일 흥 亡 망할 망 盛 성할 성 衰 쇠할 쇠) '흥하고 망함과 성하고 쇠함.'

97 눈뜨고 볼 수 없는 지옥

	한자 성어	뜻
284	目不忍見	목불인견 (目 눈 목 不 아닐 불 忍 참을 인 見 볼 견) '눈앞에 벌어진 상황 따위를 눈 뜨고는 차마 볼 수 없음.'
285	阿鼻叫喚	아비규환 (阿 언덕 아 鼻 코 비 叫 부르짖을 규 喚 부를 환) "'아비(阿鼻)'라는 지옥과 '규환(叫喚)'이라는 지옥"이라는 뜻으로, 여러 사람이 비참한 지경에 빠져 울부짖는 참상.

98 앞뒤를 재고 망설임

	한자 성어	뜻
286	左顧右眄	좌고우면 (左 왼 좌 顧 돌아볼 고 右 오른쪽 우 眄 곁눈질할 면) '이쪽저쪽을 돌아본다'는 뜻으로, 앞뒤를 재고 망설임을 이르는 말.
287	首鼠兩端	수서양단 (首 머리 수 鼠 쥐 서 兩 두 양(량) 端 끝 단) '구멍에서 머리를 내밀고 나갈까 말까 망설이는 쥐'라는 뜻으로, 머뭇거리며 진퇴나 거취를 정하지 못하는 상태를 이르는 말.

99 부부간의 사랑

	한자 성어	뜻
288	夫唱婦隨	부창부수 (夫 지아비 부 唱 부를 창 婦 며느리 부 隨 따를 수) '남편이 주장하고 아내가 이에 잘 따름.' 또는 부부 사이의 그런 도리.

한자 성어	뜻
289 琴瑟之樂	금슬지락 (琴 거문고 금 瑟 큰 거문고 슬 之 갈 지 樂 즐길 락(낙)) '거문고와 비파(琵琶)의 아름다운 소리'라는 뜻으로, 부부간의 사랑.
290 比翼連理	비익연리 (比 견줄 비 翼 날개 익 連 잇닿을 연(련) 理 다스릴 리(이)) '비익조와 연리지'라는 뜻으로, 부부가 아주 화목함을 이르는 말.
291 夫爲婦綱	부위부강 (夫 지아비 부 爲 할 위 婦 며느리 부 綱 벼리 강) 삼강(三綱)의 하나. '아내는 남편을 섬기는 것이 근본임'을 이르는 말.
292 擧案齊眉	거안제미 (擧 들 거 案 책상 안 齊 가지런할 제 眉 눈썹 미) '밥상을 눈썹과 가지런하도록 공손히 들어 남편 앞에 가지고 간다'는 뜻으로, 남편을 깍듯이 공경함.

100 개인의 욕심보다 공공의 이익이 더 중요함

한자 성어	뜻
293 滅私奉公	멸사봉공 (滅 꺼질 멸 私 사사 사 奉 받들 봉 公 공평할 공) '개인의 욕심을 버리고 공공의 이익을 위하여 힘씀.'
294 先憂後樂	선우후락 (先 먼저 선 憂 근심 우 後 뒤 후 樂 즐길 락(낙)) '세상의 일을 먼저 근심하고 남보다 나중에 즐거워한다'는 뜻으로, 지사(志士)나 어진 사람의 마음씨.
295 先公後私	선공후사 (先 먼저 선 公 공평할 공 後 뒤 후 私 사사 사) '사사로운 일보다 공익을 먼저로 함.'

101 오륜(五倫)

	한자 성어	뜻
296	君臣有義	군신유의 (君 임금 군 臣 신하 신 有 있을 유 義 옳을 의) 오륜의 하나. '임금과 신하 사이의 도리는 의리에 있음'을 일컫는 말.
297	長幼有序	장유유서 (長 길 장 幼 어릴 유 有 있을 유 序 차례 서) 오륜(五倫)의 하나. '윗사람과 아랫사람 사이에는 엄격한 차례와 질서가 있음.'
298	朋友有信	붕우유신 (朋 벗 붕 友 벗 우 有 있을 유 信 믿을 신) 오륜의 하나. '벗 사이의 도리는 믿음에 있음.'
299	夫婦有別	부부유별 (夫 지아비 부 婦 며느리 부 有 있을 유 別 나눌 별) 오륜의 하나. '부부 사이에는 서로 침범치 못할 인륜의 구별이 있음.'
300	兄友弟恭	형우제공 (兄 형 형 友 벗 우 弟 아우 제 恭 공손할 공) '형제가 서로 우애가 깊음.'

102 백성들을 착취함.

한자 성어	뜻
301 苛斂誅求	가렴주구 (苛 가혹할 가 斂 거둘 렴(염) 誅 벨 주 求 구할 구) '백성에게 세금을 가혹하게 거두고, 재물을 빼앗음'

103 사악한 것을 피하고 경사로 나아감

한자 성어	뜻
302 辟邪進慶	벽사진경 (辟 물리칠 벽 邪 간사할 사 進 나아갈 진 慶 경사 경) '사악한 귀신을 피하고 경사를 맞이함' = 원화소복(遠禍召福: 遠 멀 원 禍 재앙 화 召 부를 소 福 복 복): 화를 물리치고 복을 불러들임.

104 아슬아슬한 위기

한자 성어	뜻
303 百尺竿頭	백척간두 (百 일백 백 尺 자 척 竿 장대 간 頭 머리 두) '백 자나 되는 높은 장대 위에 올라섰다'는 뜻으로, 몹시 어렵고 위태로운 지경을 이르는 말이다. = 누란지위(累卵之危) = 풍전등화(風前燈火)

105 백척간두(百尺竿頭) 유의어

한자 성어	뜻
304 累卵之勢	누란지세 (累 여러 누(루) 卵 알 란(난) 之 갈 지 勢 형세 세) '층층이 쌓아 놓은 알의 위태로움'이라는 뜻으로, 몹시 아슬아슬한 위기를 비유적으로 이르는 말.

106 환경에 따라 바뀜

한자 성어	뜻
305 橘化爲枳	**귤화위지** (橘 귤 귤 化 될 화 爲 할 위 枳 탱자 지) '회남의 귤을 회북에 옮겨 심으면 탱자가 된다'는 뜻으로, 환경에 따라 사람이나 사물의 성질이 변함을 이르는 말. cf 陸績懷橘(육적회귤 : 陸績 사람 이름 懷 품을 회 橘 귤 귤) '육적(陸績)이 어머니께 귤을 드리려고 몰래 가슴에 품었다'는 말로 지극한 효성을 의미함.
306 近墨者黑	**근묵자흑** (近 가까울 근 墨 먹 묵 者 놈 자 黑 검을 흑) '먹을 가까이하면 똑같이 검게 된다.'는 뜻으로, 나쁜 사람과 가까이 지내면 나쁜 버릇에 물들기 쉬움.
307 同聲異俗	**동성이속** (同 한가지 동 聲 소리 성 異 다를 이(리) 俗 풍속 속) '한 가지 소리를 타고났어도, 자라면서 환경에 의해 서로 달라짐'을 이르는 말.
308 芝蘭之化	**지란지화** (芝 지초 지 蘭 난초 란(난) 之 갈 지 化 될 화) '좋은 친구(親舊)와 사귀면 자연히 그 아름다운 덕에 감화(感化)됨'을 이르는 말.

107 인생무상

한자 성어	뜻
309 南柯一夢	**남가일몽** (南 남녘 남 柯 가지 가 一 한 일 夢 꿈 몽) '남녘 가지의 한바탕 꿈'이란 뜻으로, 꿈과 같이 헛된 한때의 부귀영화를 이르는 말.
310 草露人生	**초로인생** (草 풀 초 露 이슬 로(노) 人 사람 인 生 날 생) '풀잎에 맺힌 이슬과 같은 인생'이라는 뜻으로, 허무하고 덧없는 인생을 비유적으로 이르는 말.

108 평범한 사람들 중 뛰어난 사람

한자 성어	뜻
311 囊中之錐	**낭중지추** (囊 주머니 낭 中 가운데 중 之 갈 지 錐 송곳 추) '주머니 속의 송곳'이라는 뜻으로, 재능이 뛰어난 사람은 숨어 있어도 저절로 사람들에게 알려짐을 이르는 말.
312 群鷄一鶴	**군계일학** (群 무리 군 鷄 닭 계 一 한 일 鶴 학 학) '무리 지어 있는 닭 가운데 있는 한 마리의 학'이라는 뜻으로, 여러 평범(平凡)한 사람들 가운데 있는 뛰어난 한 사람을 이르는 말.

109 억울하게 의심 받음

한자 성어	뜻
313 烏飛梨落	오비이락 (烏 까마귀 오 飛 날 비 梨 배나무 이(리) 落 떨어질 락(낙)) '까마귀 날자 배 떨어진다'는 뜻으로, 아무 관계도 없이 한 일이 공교롭게도 때가 같아 억울하게 의심을 받거나 난처하게 됨을 이르는 말.

110 일시적인 효력의 임시방편

한자 성어	뜻
314 彌縫策	미봉책 (彌 두루 미 縫 꿰맬 봉 策 꾀 책) '눈가림만 하는 일시적인 대책.'
315 凍足放尿	동족방뇨 (凍 얼 동 足 발 족 放 놓을 방 尿 오줌 뇨(요)) '언 발에 오줌 누기'라는 뜻으로, 잠시 동안만 효력이 있을 뿐 효력이 바로 사라짐을 비유적으로 이르는 말.

	한자 성어	뜻
316	姑息之計	고식지계 (姑 시어머니 고 息 쉴 식 之 갈 지 計 셀 계) '부녀자나 어린아이가 꾸미는 계책'이라는 뜻으로, 임시로 편한 것을 취하는 계책(計策).
317	下石上臺	하석상대 (下 아래 하 石 돌 석 上 윗 상 臺 대 대) '아랫돌을 빼서 윗돌을 괴고 윗돌을 빼서 아랫돌을 괸다'는 뜻으로, 임시변통으로 이리저리 둘러맞춤을 이르는 말.
318	上下撐石	상하탱석 (上 윗 상 下 아래 하 撐 버틸 탱 石 돌 석) '아랫돌을 빼서 윗돌을 괴고, 윗돌을 빼서 아랫돌을 괸다'는 뜻으로, 몹시 꼬이는 일을 당하여 임시변통으로 이리저리 견디어 감.

111 110 과 반대말 : 근본 원인을 없앰

	한자 성어	뜻
319	拔本塞源	발본색원 (拔 뽑을 발 本 근본 본 塞 막힐 색 源 근원 원) '근본 원인을 완전히 없애 다시는 그러한 일이 생길 수 없도록 함.'

112 어리석은 사람

한자 성어	뜻
320 遼東之豕	**요동지시** (遼 멀 요(료) 東 동녘 동 之 갈 지 豕 돼지 시) '남들이 보기에는 하찮은 물건인데도 본인은 대단히 귀한 것으로 생각하는 어리석은 태도'를 이르는 말.
321 菽麥不辨	**숙맥불변** (菽 콩 숙 麥 보리 맥 不 아닐 불 辨 분별할 변) '콩과 보리를 구별하지 못한다'는 뜻으로, 사리 분별을 못하는 어리석은 사람의 비유.
322 愚夫愚婦	**우부우부** (愚 어리석을 우 夫 지아비 부 婦 며느리 부) '어리석은 남자와 어리석은 여자'

113 빠침

한자 성어	뜻
323 切齒腐心	절치부심 (切 끊을 절 齒 이 치 腐 썩을 부 心 마음 심) '이를 끊어질 정도로 갈고 마음을 썩이다' 는 뜻으로, 몹시 분하여 이를 갈며 속을 썩임.
324 怒氣登天	노기등천 (怒 성낼 노(로) 氣 기운 기 登 오를 등 天 하늘 천) '성이 하늘을 찌를 듯이 머리끝까지 치받쳐 있다는 말.'

114 살기 좋은 시절

한자 성어	뜻
325 含哺鼓腹	함포고복 (含 머금을 함 哺 먹일 포 鼓 북 고 腹 배 복) '잔뜩 먹고 배를 두드린다'는 뜻으로, 먹을 것이 풍족하여 즐겁게 지냄을 이르는 말.
326 鼓腹擊壤	고복격양 (鼓 북 고 腹 배 복 擊 칠 격 壤 흙덩이 양) '배를 두드리고 흙덩이를 친다.'는 뜻으로, 배불리 먹고 흙덩이를 치는 놀이를 함. 즉 매우 살기 좋은 시절을 말함.

115 나머지

한자 성어	뜻
327 我田引水	**아전인수** (我 나 아 田 밭 전 引 끌 인 水 물 수) '자기 논에 물 대기'라는 뜻으로, 자기에게만 이롭게 되도록 생각하거나 행동함을 이르는 말.
328 盲者正門	**맹자정문** (盲 맹인 맹 者 놈 자 正 바를 정 門 문 문) '맹인(盲人)이 정문(正門)을 바로 찾아 들어간다.'는 뜻으로, 어리석은 사람이 어쩌다 이치에 들어맞는 일을 함.
329 掩耳盜鈴	**엄이도령** (掩 가릴 엄 耳 귀 이 盜 도둑 도 鈴 방울 령(영)) '귀를 가리고 방울을 훔친다'는 뜻으로, 다 드러난 것을 얕은꾀로 남을 속이려고 함의 비유.
330 浩然之氣	**호연지기** (浩 넓을 호 然 그럴 연 之 갈 지 氣 기운 기) 1) '하늘과 땅 사이에 가득 찬 넓고 큰 원기(元氣). 2) 도의에 뿌리를 박고 공명정대하여 조금도 부끄러울 바 없는 도덕적 용기. 3) 사물에서 해방되어 자유스럽고 유쾌한 마음. 호기(浩氣).

	한자 성어	뜻
331	松茂柏悅	송무백열 (松 소나무 송 茂 무성할 무 柏 측백 백 悅 기쁠 열) '소나무가 무성하면 잣나무가 기뻐한다'는 뜻으로, 벗이 잘되는 것을 기뻐함의 비유.
332	甲論乙駁	갑론을박 (甲 갑옷 갑 論 논할 론(논) 乙 새 을 駁 논박할 박) '서로 자기주장을 내세우고 상대방의 주장을 반박함.'
333	結者解之	결자해지 (結 맺을 결 者 놈 자 解 풀 해 之 갈 지) '맺은 사람이 풀어야 한다'는 뜻으로, 자기가 저지른 일은 자기가 해결해야 한다는 말.
334	比屋可封	비옥가봉 (比 견줄 비 屋 집 옥 可 옳을 가 封 봉할 봉) '중국 요순시대에 사람들이 모두 착하여 집집마다 표창할 만하였다'는 뜻으로, 나라에 어진 사람이 많음을 이르는 말.
335	堂狗風月	당구풍월 (堂 집 당 狗 개 구 風 바람 풍 月 달 월) '서당에서 기르는 개가 풍월을 읊는다'는 뜻으로, 그 분야에 대하여 경험과 지식이 전혀 없는 사람이라도 오래 있으면 얼마간의 경험과 지식을 가짐을 이르는 말.

한자 성어	뜻
336 前人未踏	**전인미답** (前 앞 전 人 사람 인 未 아닐 미 踏 밟을 답) '이제까지 그 누구도 가 보지 못함.' (=전대미문(前代未聞))
337 頂門一鍼	**정문일침** (頂 정수리 정 門 문 문 一 한 일 鍼 침 침) '정수리에 침을 놓는다'는 뜻으로, 따끔한 충고나 교훈을 이르는 말.
338 以夷制夷	**이이제이** (以 써 이 夷 오랑캐 이 制 절제할 제) '오랑캐를 이용하여 다른 오랑캐를 제어(制御·制取)한다.'라는 뜻으로, 적(敵)을 이용(利用)하여 다른 적(敵)을 통제(統制)하고 부림.
339 招搖過市	**초요과시** (招 부를 초 搖 흔들 요 過 지날 과 市 저자 시) '남의 이목을 끌도록 요란스럽게 하며 저잣거리를 지나간다.'는 뜻으로, 허풍을 떨면서 자신을 드러내어 사람들의 주의를 끄는 것을 비유하는 말
340 外柔內剛	**외유내강** (外 바깥 외 柔 부드러울 유 內 안 내 剛 굳셀 강) '겉으로 보기에는 부드러우나 속은 꿋꿋하고 강(强)함.'

✏️ 기출 혼동 한자 표기

1 2013 지방직 9급

01 일주

혼동 한자어	뜻
一走	일주 (一 한 일 走 달릴 주) 조선 시대 무관을 뽑는 시험에서, 달음질의 첫째 등급을 이르는 말.
逸走	일주 (逸 달아날 일 走 달릴 주) 도망쳐 달아남. 예 排他的(배타적) 感情(감정)으로 一走(일주)하지 말라.

02 지향

혼동 한자어	뜻
指向	지향 (指 가리킬 지 向 향할 향) 지정한 방향으로 나아감 예 그는 그 오솔길을 지향(指向) 없이 걸었다.
志向	지향 (志 뜻 지 向 향할 향) 어떤 목적으로 뜻이 쏠리어 향함. 또는 그 의지나 방향. 예 그는 우리나라의 평화를 지향(志向)했다.

2 기출에 나온 혼동 한자 정리

01 결

혼동 한자어	뜻
結	맺을 결 예 결과(結果 : 結 맺을 결 果 실과 과) 　　결연(結緣 : 結 맺을 결 緣 인연 연)
決	결단할 결 예 해결(解決 : 解 풀 해 決 결단할 결)

02 대

혼동 한자어	뜻
貸	빌릴 대 예 취대(取貸 : 取 가질 취, 貸 빌릴 대) : 돈을 돌려서 꾸어 주거나 꾸어 씀.
待	기다릴 대 예 학수고대(鶴首苦待 : 鶴 학 학 首 머리 수 苦 쓸 고 待 기다릴 대) : '학처럼 목을 길게 빼고 기다린다.'는 뜻으로, '몹시 기다림'을 이르는 말.

표준어 규정

2011년 새로 인정된 복수 표준어

■ 기존 표준어와 같은 뜻으로 추가로 표준어로 인정한 것(11개)

기존 표준어	추가 표준어
간질이다	간지럽히다
남우세스럽다	남사스럽다
목물	등물
만날	맨날
묏자리	못자리
복사뼈	복숭아뼈
세간	세간살이
쌉싸래하다	쌉싸름하다
고운대	토란대
허섭스레기	허접쓰레기
토담	흙담

현재 표준어와 별도의 표준어로 추가로 인정한 것(24개)

기존 표준어	추가된 표준어	뜻 차이
~기에	~길래	~길래 : '~기에'의 구어적 표현
괴발개발	개발새발	'괴발개발'은 '고양이의 발과 개의 발'이라는 뜻이고, '개발새발'은 '개의 발과 새의 발'이라는 뜻임.
날개	나래	'나래'는 '날개'의 문학적 표현
냄새	내음	'내음'은 향기롭거나 나쁘지 않은 냄새로 제한됨.
눈초리	눈꼬리	• 눈초리 : 어떤 대상을 바라볼 때 눈에 나타나는 표정, 눈의 한 부분 예 매서운 눈초리 • 눈꼬리 : 눈의 귀 쪽으로 째진 부분
떨어뜨리다	떨구다	'떨구다'에 '시선을 아래로 향하다'라는 뜻 있음.
뜰	뜨락	'뜨락'에는 추상적 공간을 비유하는 뜻이 있음.
먹을거리	먹거리	먹거리 : 사람이 살아가기 위하여 먹는 음식을 통틀어 이름.
메우다	메꾸다	'메꾸다'에 '무료한 시간을 적당히 또는 그럭저럭 흘러가게 하다.'라는 뜻이 있음.

기존 표준어	추가된 표준어	뜻 차이
손자(孫子)	손주	• 손자 : 아들의 아들. 또는 딸의 아들 • 손주 : 손자와 손녀를 아울러 이르는 말
어수룩하다	어리숙하다	'어수룩하다'는 '순박함/순진함'의 뜻이 강한 반면에, '어리숙하다'는 '어리석음'의 뜻이 강함.
연방	연신	'연신'이 반복성을 강조한다면, '연방'은 연속성을 강조
횡허케	횡하니	횡허케 : '횡하니'의 예스러운 표현
거치적거리다	걸리적거리다	자음 또는 모음의 차이로 인한 어감 및 뜻 차이 존재
끼적거리다	끄적거리다	〃
두루뭉술하다	두리뭉실하다	〃
맨송맨송	맨숭맨숭/ 맹숭맹숭	〃
바동바동	바둥바둥	〃
새치름하다	새초롬하다	〃
아옹다옹	아웅다웅	〃
야멸치다	야멸차다	〃
오순도순	오손도손	〃
찌뿌듯하다	찌뿌둥하다	〃
치근거리다	추근거리다	〃

■ 두 가지 표기를 모두 표준어로 인정한 것(3개)

기존 표준어	추가 표준어
태견	택견
품세	품새
자장면	짜장면

2014년 새로 인정된 복수 표준어

■ 현재 표준어와 같은 뜻을 가진 표준어로 인정한 것(5개)

기존 표준어	추가 표준어
구안괘사(口眼喎斜)	구안와사(口眼喎斜)
굽실, 굽실거리다, 굽실대다, 굽실하다, 굽실굽실	굽신, 굽신거리다, 굽신대다, 굽신하다, 굽신굽신
눈두덩	눈두덩이
삐치다	삐지다
작장초	초장초

■ 현재 표준어와 뜻이나 어감이 차이가 나는 별도의 표준어로 인정한 것(8개)

기존 표준어	추가 표준어	뜻 차이
개개다	개기다	• 개기다 : (속되게) 명령이나 지시를 따르지 않고 버티거나 반항하다. • 개개다 : 성가시게 달라붙어 손해를 끼치다.
꾀다	꼬시다	• 꼬시다 : '꾀다'를 속되게 이르는 말 • 꾀다 : 그럴듯한 말이나 행동으로 남을 속이거나 부추겨서 자기 생각대로 끌다.
장난감	놀잇감	• 놀잇감 : 놀이 또는 아동 교육 현장 따위에서 활용되는 물건이나 재료 • 장난감 : 아이들이 가지고 노는 여러 가지 물건
딴죽	딴지	• 딴지 : (주로 '걸다, 놓다'와 함께 쓰여) 일이 순순히 진행되지 못하도록 훼방을 놓거나 어기대는 것 • 딴죽 : 이미 동의하거나 약속한 일에 대하여 딴전을 부림을 비유적으로 이르는 말

기존 표준어	추가 표준어	뜻 차이
사그라지다	사그라들다	• 사그라들다: 삭아서 없어져 가다. • 사그라지다: 삭아서 없어지다.
섬뜩	섬찟	• 섬찟: 갑자기 소름이 끼치도록 무시무시하고 끔찍한 느낌이 드는 모양 • 섬뜩: 갑자가 소름이 끼치도록 무섭고 끔찍한 느낌이 드는 모양 '섬찟'이 표준어로 인정됨에 따라, '섬찟하다, 섬찟섬찟, 섬찟섬찟하다' 등도 표준어로 함께 인정됨.
속병	속앓이	• 속앓이: ① 속이 아픈 병. 또는 속에 병이 생겨 아파하는 일 ② 겉으로 드러내지 못하고 속으로 걱정하거나 괴로워하는 일 • 속병: ① 몸속의 병을 통틀어 이르는 말 ② '위장병01'을 일상적으로 이르는 말 ③ 화가 나거나 속이 상하여 생긴 마음의 심한 아픔
허접스럽다	허접하다	• 허접하다: 허름하고 잡스럽다. • 허접스럽다: 허름하고 잡스러운 느낌이 있다.

2015년 새로 인정된 복수 표준어

■ 복수 표준어 : 현재 표준어와 같은 뜻을 가진 표준어로 인정한 것(4개)

기존 표준어	추가 표준어	뜻 차이
마을	마실	• '이웃에 놀러 다니는 일'의 의미에 한하여 표준어로 인정함. '여러 집이 모여 사는 곳'의 의미로 쓰인 '마실'은 비표준어임. • '마실꾼, 마실방, 마실돌이, 밤마실'도 표준어로 인정함. **예** 나는 아들의 방문을 열고 이모네 마실 갔다 오마라고 말했다.
예쁘다	이쁘다	• '이쁘장스럽다, 이쁘장스레, 이쁘장하다, 이쁘디이쁘다'도 표준어로 인정함. **예** 어이구, 내 새끼 이쁘기도 하지.
차지다	찰지다	• 사전에서 '차지다'의 원말로 풀이함. **예** 화단의 찰진 흙에 하얀 꽃잎이 화사하게 떨어져 날리곤 했다.
-고 싶다	-고프다	• 사전에서 '-고 싶다'가 줄어든 말로 풀이함. **예** 그 아이는 엄마가 보고파 앙앙 울었다.

■ 별도 표준어: 현재 표준어와 뜻이 다른 표준어로 인정한 것(5개)

기존 표준어	추가 표준어	뜻 차이
가오리연	꼬리연	• 꼬리연: 긴 꼬리를 단 연 예 행사가 끝날 때까지 하늘을 수놓았던 대형 **꼬리연**도 비상을 꿈꾸듯 끊임없이 창공을 향해 날아올랐다. • 가오리연: 가오리 모양으로 만들어 꼬리를 길게 단 연. 띄우면 오르면서 머리가 아래위로 흔들린다.

의논	의론	• 의론(議論): 어떤 사안에 대하여 각자의 의견을 제기함. 또는 그런 의견
		  예 이러니저러니 **의론**이 분분하다.
		• 의논(議論): 어떤 일에 대하여 서로 의견을 주고 받음.
		  예 '의론되다, 의론하다'도 표준어로 인정함.

기존 표준어	추가 표준어	뜻 차이
이키	이크	• 이크: 당황하거나 놀랐을 때 내는 소리. '이키'보다 큰 느낌을 준다. 예 **이크**, 이거 큰일 났구나 싶어 허겁지겁 뛰어갔다. • 이키: 당황하거나 놀랐을 때 내는 소리. '이끼'보다 거센 느낌을 준다.
잎사귀	잎새	• 잎새: 나무의 잎사귀. 주로 문학적 표현에 쓰인다. 예 **잎새**가 몇 개 남지 않은 나무들이 창문 위로 뻗어올라 있었다. • 잎사귀: 낱낱의 잎. 주로 넓적한 잎을 이른다.
푸르다	푸르르다	• 푸르르다: '푸르다'를 강조할 때 이르는 말 예 겨우내 찌푸리고 있던 잿빛 하늘이 **푸르르게** 맑아 오고 어디선지도 모르게 흙냄새가 뭉클하니 풍겨 오는 듯한 순간 벌써 봄이 온 것을 느낀다. • 푸르다: 맑은 가을 하늘이나 깊은 바다, 풀의 빛깔과 같이 밝고 선명하다. 예 '푸르르다'는 '으 불규칙 용언'으로 분류함.

■ 복수 표준형 : 현재 표준적인 활용형과 용법이 같은 활용형으로 인정한 것(2개)

기존 표준어	추가 표준어	뜻 차이
마 마라 마요	말아 말아라 말아요	• '말다'에 명령형 어미 '-아', '-아라', '-아요' 등이 결합할 때는 어간 끝의 'ㄹ'이 탈락하기도 하고 탈락하지 않기도 함. 예 내가 하는 말 농담으로 듣지 마/말아. 얘야, 아무리 바빠도 제사는 잊지 마라/말아라. 아유, 말도 마요/말아요.
노라네 동그라네 조그마네 …	노랗네 동그랗네 조그맣네	• ㅎ 불규칙 용언이 어미 '-네'와 결합할 때는 어간 끝의 'ㅎ'이 탈락하기도 하고 탈락하지 않기도 함. • '그렇다, 노랗다, 동그랗다, 뽀얗다, 어떻다, 조그맣다, 커다랗다' 등등 모든 ㅎ불규칙용언의 활용형에 적용됨. 예 생각보다 훨씬 노랗네/노라네. (노랗니, 노랗냐 / 노라니, 노라냐) 이 빵은 동그랗네/동그라네. (동그랗니, 동그랗냐 / 동그라니, 동그라냐) 건물이 아주 조그맣네/조그마네. (조그맣니, 조그맣냐 / 조그마니, 조그마냐)

2016년 새로 인정된 복수 표준어

▌추가 표준어(4항목)

기존 표준어	추가 표준어	뜻 차이
거방지다	걸판지다	걸판지다 : [형용사] ① 매우 푸지다. 　**예** 술상이 **걸판지다** / 마침 눈먼 돈이 생긴 것도 있으니 오늘 저녁은 내가 **걸판지게** 사지. ② 동작이나 모양이 크고 어수선하다. 　**예** 싸움판은 자못 **걸판져서** 구경거리였다. / 소리판은 옛날이 **걸판지고** 소리할 맛이 났었지. 거방지다 : [형용사] ① 몸집이 크다. ② 하는 짓이 점잖고 무게가 있다. ③ = 걸판지다①
건울음	겉울음	겉울음 : [명사] ① 드러내 놓고 우는 울음 　**예** 꼭꼭 참고만 있다 보면 간혹 속울음이 **겉울음**으로 터질 때가 있다. ② 마음에도 없이 겉으로만 우는 울음 　**예** 눈물도 안 나면서 슬픈 척 **겉울음** 울지 마. 건울음 : [명사] = 강울음 강울음 : [명사] 눈물 없이 우는 울음, 또는 억지로 우는 울음

기존 표준어	추가 표준어	뜻 차이
까다롭다	까탈스럽다	까탈스럽다: [형용사] ① 조건, 규정 따위가 복잡하고 엄격하여 적응하거나 적용하기에 어려운 데가 있다. '가탈스럽다①' 보다 센 느낌을 준다. 예 까탈스러운 공정을 거치다. 규정을 까탈스럽게 정하다. 가스레인지에 길들여진 현대인들에게 지루하고 까탈스러운 숯 굽기 작업은 쓸데없는 시간 낭비로 비칠 수도 있겠다. ② 성미나 취향 따위가 원만하지 않고 별스러워 맞춰 주기에 어려운 데가 있다. '가탈스럽다②'보다 센 느낌을 준다. 예 까탈스러운 입맛 / 성격이 까탈스럽다. 딸아이는 사 준 옷이 맘에 안 든다고 까탈스럽게 굴었다. 예 같은 계열의 '가탈스럽다'도 표준어로 인정함. 까다롭다: [형용사] ① 조건 따위가 복잡하거나 엄격하여 다루기에 순탄하지 않다. ② 성미나 취향 따위가 원만하지 않고 별스럽게 까탈이 많다.

기존 표준어	추가 표준어	뜻 차이
실몽당이	실뭉치	실뭉치: [명사] 실을 한데 뭉치거나 감은 덩이 예 뒤엉킨 **실뭉치** / **실뭉치**를 풀다 / 그의 머릿속은 엉클어진 **실뭉치** 같이 갈피를 못 잡고 있었다.
		실몽당이: [명사] 실을 풀기 좋게 공 모양으로 감은 뭉치

▌추가 표준형(2항목)

기존 표준어	추가 표준어	뜻 차이
에는	엘랑	• 표준어 규정 제25항에서 '에는'의 비표준형으로 규정해 온 '엘랑'을 표준형으로 인정함. • '엘랑' 외에도 'ㄹ랑'에 조사 또는 어미가 결합한 '에설랑, 설랑, -고설랑, -어설랑, -질랑'도 표준형으로 인정함. • '엘랑, -고설랑' 등은 단순한 조사/어미 결합형이므로 사전 표제어로는 다루지 않음. 예 서울**엘랑** 가지를 마오. / 교실 **에설랑** 떠들지 마라. 나를 앞에 앉혀 놓**고설랑** 자기 아들 자랑만 하더라.
주책없다	주책이다	• 표준어 규정 제25항에 따라 '주책없다'의 비표준형으로 규정해 온 '주책이다'를 표준형으로 인정함. • '주책이다'는 '일정한 줏대가 없이 되는 대로 하는 짓'을 뜻하는 '주책'에 서술격조사 '이다'가 붙은 말로 봄. • '주책이다'는 단순한 명사+조사 결합형이므로 사전 표제어로는 다루지 않음. 예 이제 와서 오래 전에 헤어진 그녀를 떠올리는 나 자신을 보며 '나도 참 **주책이군.**' 하는 생각이 들었다.

한글 맞춤법

[Q1] 올바른 표기에 ○표 하시오.

국수, 국쑤	깍두기, 깎두기, 깍뚜기	닦달, 닦딸, 닥딸, 닥달
언듯, 언뜻	법석, 법썩	딱지, 딱찌
선듯, 선뜻	싹둑, 싹뚝	잔득, 잔뜩
씁슬하다, 씁쓸하다	쌉살하다, 쌉쌀하다	쓱싹쓱싹, 쓱삭쓱삭
몽땅연필, 몽당연필	몽당, 몽땅	부석, 부썩+
낙지, 낚지, 낙찌	해슥하다, 해쓱하다, 핼쑥하다	이따금, 잇다금
몹시, 몹씨	숫제, 숫쩨, 수쩨	깜박하다, 깜빡하다

+ 부썩: 거침새없이 갑자기 나아가거나 늘거나 주는 모양.

답

1) 국수 2) 깍두기 3) 닦달 / 1) 언뜻 2) 법석 3) 딱지
1) 선뜻 2) 싹둑 3) 잔뜩 / 1) 씁쓸하다 2) 쌉쌀하다 3) 쓱싹쓱싹
1) 몽당연필 2) 몽땅 3) 부썩 / 1) 낙지 2) 해쓱하다, 핼쑥하다 3) 이따금
1) 몹시 2) 숫제 3) 깜박하다, 깜빡하다

[Q2] 올바른 표기에 ○표 하시오.

| 국기 계양, 국기게양 | 핑계, 핑게 | 연메, 연메 |
| 휴계실, 휴게실 | 계기, 게기 | 닐리리, 늴리리 |

[Q3] 맞춤법이 옳은 표기에는 ○표, 틀린 표기에는 ×표 하시오.

| 본의 | ○, × | 닝큼 | ○, × | 띄어쓰기 | ○, × |
| 보늬 | ○, × | 하늬바람 | ○, × | | |

[Q4] 올바른 표기에 ○표 하시오.

익명(匿名), 닉명(匿名)	결뉴(結紐), 결유(結紐)
신여성(新女性), 신녀성(新女性)	공염불(空念佛), 공념불(空念佛)
은익(隱匿), 은닉(隱匿)	몇 년대, 몇 연대
년대, 연대	년 1회, 연 1회
남존녀비, 남존여비	남부녀대, 남부여대
신년도, 신연도	구년도, 구연도
은 두 냥쭝(兩-), 은 두 양쭝(兩-)	연 강수량, 년 강수량
생산 연도(年度), 생산 년도(年度)	2022년도, 2022연도

🔍 답

[Q2]
1) 국기게양 2) 핑계 3) 연메 / 1) 휴게실 2) 계기 3) 늴리리
[Q3]
1) ○ 2) × 3) ○ / 1) ○ 2) ×
[Q4]
1) 익명 2) 결뉴 / 1) 신여성 2) 공염불 / 1) 은닉 2) 몇 년대
1) 연대 2) 연 1회 / 1) 남존여비 2) 남부여대 / 1) 신년도 2) 구년도
1) 은 두 냥쭝 2) 연 강수량 / 1) 생산 연도 2) 2022년도

[Q5] 맞춤법이 옳은 표기에는 ○, 틀린 표기에는 ×표 하시오.

오십 량(輛)	○, ×	쌍용(雙龍)	○, ×
몇 리	○, ×	국연(국제 연합)	○, ×
역리용(逆利用)	○, ×	열력학(熱力學)	○, ×
채윤(蔡倫)	○, ×	채륜(蔡倫)	○, ×
김립(金笠)	○, ×	전률(戰慄)	○, ×
백분률(百分率)	○, ×	내재률(內在律)	○, ×
선렬(先烈)	○, ×	선률(旋律)	○, ×
정형율(定形律)	○, ×	구름-량(量)	○, ×
허파숨-량(量)	○, ×	벡터(vector)-양(量)	○, ×
가시-연(蓮)	○, ×	육륙봉(六六峰)	○, ×
초과량(超過量)	○, ×	박린수(朴仁首)	○, ×
김예진(金禮進)	○, ×	최인(崔麟)	○, ×

🔎 답

1) ○ 2) × / 1) ○ 2) × / 1) × 2) × / 1) ○ 2) ○ / 1) ○ 2) ×
1) × 2) × / 1) × 2) × / 1) × 2) × / 1) × 2) ○ / 1) ○ 2) ○
1) ○ 2) × / 1) ○ 2) ○

[Q6] 맞춤법이 옳은 표기에는 ○표, 틀린 표기에는 ×표 하시오.

낙원(樂園)	○, ×	능묘(陵墓)	○, ×
동구능(東九陵)	○, ×	아기능(陵)	○, ×
내-래월(來來月)	○, ×	서오릉(西五陵)	○, ×
극락(極樂)	○, ×	실-락원(失樂園)	○, ×
어머니-난	○, ×	어린이-난	○, ×
고랭지	○, ×	사상-루각(沙上樓閣)	○, ×
태능(泰陵)	○, ×		

[Q7] 맞춤법이 옳은 표기에는 ○표, 틀린 표기에는 ×표 하시오.

이것은 책이오.	○, ×	이것은 책이 아니요.	○, ×
저기로 가시오.	○, ×		
이것은 책이요, 저것은 붓이요.			○, ×
이것은 책이 아니오, 저것은 붓이오.			○, ×

🔍 답

[Q6]
1) ○ 2) ○ / 1) × 2) ○ / 1) × 2) ○ / 1) ○ 2) × / 1) ○ 2) ○
1) ○ 2) × / 1) ×

[Q7]
1) ○ 2) × / 1) ○ / 1) × / 1) ×

[Q8] 올바른 표기에 ○표 하시오.

핥짝거리다, 할짝거리다	넓다랗다, 널따랗다, 넙따랗다
얇다랗다, 얄따랗다, 얍따랗다	넓치, 넙치
낡작하다, 납작하다	넓적하다, 넙적하다
넓둥글다, 넙둥글다	넓죽하다, 널쭉하다, 넙죽하다

[Q9] 올바른 표기에 ○표 하시오.

얼룩이, 얼루기	칼싹둑이, 칼싹두기
제트기 : 쌕쌕이, 쌕쌔기	더펄이, 더퍼리
오뚝이, 오뚜기	믿브다, 미쁘다
믿업다, 미덥다	젖뜨리다, 젖트리다

🔍 답

[Q8]
1) 할짝거리다 2) 널따랗다 / 1) 얄따랗다 2) 넙치
1) 납작하다 2) 넓적하다 / 1) 넓둥글다 2) 넓죽하다

[Q9]
1) 얼루기 2) 칼싹두기 / 1) 쌕쌕이 2) 더펄이
1) 오뚝이 2) 미쁘다 / 1) 미덥다 2) 젖뜨리다, 젖트리다

[Q10] 올바른 표기에 ○표 하시오.

꼼꼼이, 꼼꼼히	곰곰이, 곰곰히
급이, 급히	깨끗이, 깨끗히, 깨끗치
어렴풋이, 어렴풋히	일찍이, 일찌기
더우기, 더욱이	

[Q11] 올바른 표기에 ○표 하시오.

골병, 곯병	송곳이, 송곳니
싫증, 실증	오라비, 오래비
불이나게, 부리나케	꺽꽂이, 꺾꽂이
며칠, 몇 일	싯노랗다, 샛노랗다
시허옇다, 시하얗다	시퍼레, 시퍼래

🔎 답

[Q10]
1) 꼼꼼히 2) 곰곰이 / 1) 급히 2) 깨끗이
1) 어렴풋이 / 일찍이 / 1) 더욱이

[Q11]
1) 골병 2) 송곳니 / 1) 싫증 2) 오라비
1) 부리나케 2) 꺾꽂이 / 1) 며칠 2) 샛노랗다
1) 시허옇다 2) 시퍼레

[Q12] 올바른 표기에 ○표, 틀린 표기에 ×표 하시오.

꼭짓점	○, ×	맥줏집	○, ×	북어국	○, ×
전셋집	○, ×	시쳇말	○, ×	가욋일	○, ×
전셋방	○, ×	순댓국	○, ×	고양이과	○, ×
갯수	○, ×	촛점	○, ×	셋방	○, ×

[Q13] 올바른 표기에 ○표, 틀린 표기에 ×표 하시오.

암코양이	○, ×	수컷	○, ×	숫기와	○, ×
숫돌쩌귀	○, ×	수평아리	○, ×	숫사자	○, ×
수퇘지	○, ×	암컷	○, ×		

🔍 **답**

[Q12]
1) ○ 2) ○ 3) × / 1) ○ 2) × 3) ○
1) × 2) ○ 3) × / 1) × 2) × 3) ○

[Q13]
1) × 2) ○ 3) × / 1) × 2) ○ 3) ×
1) ○ 2) ○

[Q14] 올바른 표기에 ○표, 틀린 표기에 ×표 하시오.

엊그저께, 엇그저께	무엇이 → 뭣이, 무에, 뭐이
그건, 그것은	그것을, 그걸
디디고, 딛고, 디뎌, 딛어	가지고, 갖고, 가져, 갖어라
갈 거야, 갈 것이야	갈 테야, 갈 티야
개어, 개, 개여	베어, 베, 베여
개었다, 개였다, 갰다	내어, 내, 내여

[Q15] 올바른 표기에 ○표, 틀린 표기에 ×표 하시오.

오아서, 와서	되어요, 되요, 돼요
사뤘다, 사뢌다	뵈어, 봬, 뵈여
주어서, 줘서	

🔍 답

[Q14]
1) 엊그저께 2) 뭣이, 무에 / 1) 그건, 그것은 2) 그것을, 그걸
1) 디디고, 딛고, 디뎌 2) 가지고, 갖고, 가져
1) 갈 거야, 갈 것이야 2) 갈 테야, 갈 티야
1) 개어, 개 2) 베어, 베 / 1) 개였다, 갰다 2) 내어, 내

[Q15]
1) 와서 2) 되어요, 돼요 / 1) 사뢌다 2) 뵈어, 봬 / 1) 주어서, 줘서

[Q16] 올바른 표기에 ○표, 틀린 표기에 ×표 하시오

그녀는 그에게 (차였다, 채었다, 채였다)

여기여기 (모여라, 뫼어라, 뫼여라)

책 구성이 잘 (짜여, 째어, 째여) 있다.

오죽잖다, 오죽잡다

편찮다, 편찮다, 편잖다, 편잡다

생각잖다, 생각찮다, 생각찮다, 생각잖다.

축구공이 발로 (까였다, 깨었다, 깼다, 깨였다)

한글은 문자로 (쓰였다, 씌었다, 씌였다)

상처로 피부가 (파였다, 패었다, 패였다)

마뜩잖다, 마뜩찮다, 마뜩잖다, 마뜩찮다

만만잖은, 만만찮은, 만만잖은, 만만찮은

술이 (놓여, 놓이어, 뇌어, 놓이여, 뇌여)

🔍 답

1) 차였다, 채었다 2) 모여라, 뫼어라 3) 짜여, 째어 4) 오죽잖다 5) 편찮다
6) 생각잖다 7) 까였다, 깨었다, 깼다 8) 쓰였다, 씌었다 9) 파였다, 패었다
10) 마뜩잖다 11) 만만찮은 12) 놓여, 놓이어, 뇌어

```
똑게육아 마일스톤 카드 / 글: 로리(김준희) ; 그림: 애슝.
  -- 고양 : 위즈덤하우스 : 예담friend, 2017
    p. ;   cm

ISBN 979-11-86117-95-8 13590 : ₩22000

육아[育兒]
자녀 양육[子女養育]

598.1-KDC6
649.1-DDC23        CIP2017027815
```

똑게육아 마일스톤 카드

초판 1쇄 인쇄 2017년 10월 31일   초판 1쇄 발행 2017년 11월 20일

글 로리(김준희) 그림 애슝
펴낸이 연준혁

출판 1본부 이사 김은주
출판 1분사 분사장 한수미
책임편집 최유진
디자인 윤정아

펴낸곳 (주)위즈덤하우스 미디어그룹 출판등록 2000년 5월 23일 제13-1071호
주소 경기도 고양시 일산동구 정발산로 43-20 센트럴프라자 6층
전화 031)936-4000 팩스 031)903-3891 홈페이지 www.wisdomhouse.co.kr

값 22,000원   ⓒ로리(김준희)·애슝, 2017
ISBN 979-11-86117-95-8 13590

* 잘못된 책은 바꿔드립니다.
* 이 책의 전부 또는 일부 내용을 재사용하려면 반드시
  사전에 저작권자와 (주)위즈덤하우스 미디어그룹의 동의를 받아야 합니다.
* 책의 모서리가 날카로워 다칠 수 있으니 책을 던지거나 떨어뜨리지 마십시오.

Epilogue

'엄마'의 행복한 하루하루를 위해

'엄마'라는 존재는 정말 해본 사람만이 알 수 있는 굉장히 힘든 일이죠.
어떻게 보면 그런 힘든 일을 엄마라서 당연히 해야 한다고,
모두들 그렇게 생각하는 부분 때문에 사회적인 피라미드에서
최하위 계층에 있다고 우리가 느낄 수도 있어요.
저는 그 부분에 있어, 우리가 스스로를 최하위 계층으로 여기지 말고
우리를 특권을 받은 계층으로 느낄 수 있도록 만들어주고 싶다는 마음,
여러분들만큼은 그 12개월의 찬란한 순간이 조금이라도 더 행복할 수 있었으면 좋겠다는
그 목표 하나로 『똑게육아 마일스톤 카드』를 완성할 수 있었습니다.
저도 엄마가 되고 나서 점차적으로 바뀐 부분이 주변에 대한 기대를 낮추게 된 점이랍니다.
내가 이렇게 힘들다는 사실? 아무도 몰라요. 같은 엄마라면 몰라도요.
(여러분, 헛웃음이 나시나요?^^)
그래서 처음에는 '이게 말이 돼?'라고 생각하며 실상이 이렇게 힘들다는 것을
주변에서 알아주기를 바라지만 시간이 지날수록 기대하지 않게 돼요.
여러분, 주변에서 몰라주더라도 우리 스스로 이 카드와 함께 찬란하게 기록하고
스스로의 작은 발걸음, 성취감을 맛보며 행복하게 나아가도록 해요.
절대 무너지시면 안 됩니다. 내가 무너지면, 가족 모두가 무너져요.
스스로 개척하고 스스로를 단단히 행복하게 지켜나가도록 해요.
세상 모든 엄마들을 존경하고 또 존경합니다. 여러분들 모두 너무 멋져요.

- 『똑게육아 마일스톤 카드』를 완성하며, 로리(김순희) 드림

행복한 육아

여러분, 아이를 낳아서 인생이 어떻게 달라졌다고 느끼세요?
저는 아이를 낳고 참된 행복과 인생의 가치를 느낄 수 있었어요.
여러분도 아이를 낳기 전과 후가 정말 다를 거라고 생각해요.
우리 모두는 참된 행복으로 한 걸음 더 다가갔다고 생각해요.
이렇게 경이로운 경험, 참된 나 자신을 만나는 경험을 하게 되어
저는 너무나 행복하답니다.

시간이 지나고 보니 아이는 정말 금방 자라는 것 같아요.
그 상황, 그 시절에는 알기 힘들지만,
어찌 보면 반짝반짝 빛났던 우리의 이 소중한 시간을
'행복'으로 가득 채우느냐, '원망'과 '회한'으로 너무 힘들었던 기억으로 채우느냐는
결국 마음먹기에 달려 있어요~!
우리 모두 이런 경험을 할 수 있게 된 것에 감사해하며 행복을 만들어나가자구요.

여러분은 정말 아름답고 멋져요.
똑게와 함께 세상에서 가장 행복한 아기를 키우셨어요~!
우리 모두 앞으로 더더더 행복해져요~!

_____ , 태어나줘서 고마워!

똑게육아

똑게육아는
똑똑함=정확하고 검증된 육아 지식으로
게으름=여유로운 육아 생활 즐기기
'육아를 하면서도 생산성 있는 게으름을 창출할 수 있다'는 의미랍니다.
아이를 키울 때 '사랑'과 '상식'이면 충분하다고 믿는 분들도 계실 거예요.
하지만 아이와 좋은 관계를 맺고 행복한 육아를 하려면
아이에 대한 '이해'와 '지식'이 반드시 필요하답니다.
여러분이 과거에 부모님께 들었던 말, 그 반응들을 의식하지 못한 채
아이에게 답습하곤 하죠. 좋지 않은 것들까지도요.
사실 이런 비극은 아이를 사랑하는 마음이 부족해서가 아니라
'기술'과 반복적인 '연습' 및 '훈련'이 부족해서인 경우가 대부분이에요.
아이는 부모를 두고 도망칠 수 없을뿐더러, 부모를 가장 크게 믿고 기댄답니다.
그러니 여러분이 정확한 지식을 이해하고 아이에게 든든한 버팀목이 되어주셔야 해요.
이것은 그저 최선을 다해 키우는 것과는 별개랍니다.
지금 뭔가 잘못되었다고 생각하신다면, 아이에게 대응하는 방법부터 점검해보세요.
육아에 있어 '늦은' 시기라는 건 없어요! 지나간 과거는 돌아보지 마시고 함께 행복해져요.

똑게육아에서 알려드리는 내용을 이해하실 때는
무엇을 하는지보다는 '어떻게 하는지'가 중요하답니다.
가정에서 부모가 주도해야 하는 역할을 포기하면 아이가 그 짐을 대신 짊어지게 돼요.
아이에게 차분한 힘을 빌려줄 수 있는 부모가 되도록 노력해보세요.

여행

여러분, 아이를 낳고 나니 삶이 정말 복잡해진 것처럼 느껴지시죠?
이럴 때는 아이와의 여행을 한번 기획해보세요.
거창하지 않더라도, 그것만으로도 삶의 좋은 터닝 포인트가 될 수 있답니다.
아이를 낳고 나니 모든 것이 바뀌고,
기존 가족 구성원들과의 관계도 많이 달라졌을 거예요.
그동안 참 고생 많으셨어요! 상처받은 기억들 모두 좋게 긍정적으로 훌훌 털어버리시고
아이와 함께 새로운 여행을 떠나 한층 더 행복한 삶을 맞이해보세요.^^
어떤 분들은 어린아이와 여행을 뭐 하러 가냐, 고생만 하러 가는 거다
이렇게 이야기하실 수도 있겠지만, 여행은 그 자체만으로도
우리만의 소중한 추억이 생기고, 그 안에서 인생 교훈을 얻을 수 있는,
현인들이 추천하는 값진 활동이죠. 몸이 아플 때 치료를 받기 위해서는, 타인(의사)이
처방전을 내어줘야 하지만, 여행이라는 것은 내가 나 스스로에게 내릴 수 있는
처방전이자 일종의 선물인 거죠. 매번 똑같이 되풀이되는 일상 속에서는
떠올리기조차 힘들었던 다른 각도의 시각과 생각을 맛볼 수도 있고,
그로 인해 골머리를 썩고 있던 고민에 대한 해답도 얻을 수 있게 될지 몰라요.
아이 낳고 가끔 느끼게 되는 우울증, 무기력증도 훌훌 날려버리고
재충전의 기회로 삼아보세요~!

이제 아이와 함께 더 풍요로운 여행을 즐겨보세요.^^
당연히 아이와 함께하는 여행에서는 무엇이든 욕심을 부리지 마시고,
아이와 함께 유유자적~ 건강하게 그 순간을 즐기는 일에 중점을 두시면
마음이 훨씬 더 편안해지실 거예요!

신나는 첫 여행

첫 생일

아이 돌이라고 너무 무리하지 마세요. 병나기 쉽거든요.
돌잔치를 가족만 불러서 치르건, 밖에서 좀 더 크게 치르건
돌잔치는 아이만 보는 게 아니라
여러분이 손님 한 명 한 명에게 모든 부분 신경을 써야 하기 때문에
분명 녹초가 될 거예요.

그러니, 돌잔치에 너무 욕심내지 마세요.
저도 첫째 때는 돌잔치 준비를 하다 보니, 아무리 간소하게 한다 해도
챙겨야 할 것들이 한두 개가 아니더라구요.
하지만, 하지만,
다 지나고 보니 크게 의미가 없더라구요.
그저 편안하고 아픈 사람 없이
행복하게 지나가는 것이 좋은 것 같아요.
여러분이나 아이가 돌잔치로 말미암아 아프게 된다면
오히려 그게 타격이 크거든요~!

여러분, 1년 동안 정말 고생하셨습니다.^^
세상에서 가장 위대한 일을 하셨습니다. 여러분 스스로를 자랑스럽게 생각해보세요.
저는 진심으로 여러분들이 자랑스럽고 아름다워요.

걷기

모든 엄마들의 로망 중 하나는
'아이와 함께 손을 잡고 같은 곳을 바라보며 걷기'일 거예요.
돌이 지난 몇몇 아이들은 아장아장 조금씩 걷기 시작해요.
하지만 대부분의 아이들은 14~15개월까지 잘 걷지 못한답니다.
의자나 서랍 등의 가구를 잡고 몸을 일으켜 세우는 정도까지 가능하죠.
만약 아이가 조금 늦게 걷는 것 같다면 크게 걱정하지 마시고 그저 관찰해보세요.
아이가 두 손을 잡고 걸음마를 도와주는, 여러분과의 시간을 즐기거나
걸음마 보조기나 바퀴 달린 장난감을 밀면서 다니는 걸 좋아할 수도 있구요.
걷기 시작할 무렵에는 아이가 직접 발로 밀고 다니면서 운전할 수 있는
자동차 종류의 장난감을 추천해요. 다리 힘을 길러줘 걷기에 도움을 주거든요.
그리고 아이가 어딘가를 잡고 자신의 몸을 일으켜 세운다면
다시 되돌아가는 방법도 함께 알려주세요.
특히 잠자리에서는 섰다가 다시 되돌아가지 못하는 경우가 많아요.
이때 스스로 잠자리에 다시 눕는 동작을 잘 터득할 수 있도록
도와주시는 것, 잊지 마세요. 자극 없이요.

아이가 걷기 시작하면 '아기'에서 '유아'로 전환되는 시점이라고 생각하시면 돼요.
아이가 한 걸음 한 걸음 걸을 때마다 '언제 이렇게 컸지?' 뿌듯하실 거예요.
여러분, 그간 정말 고생하셨어요!^^

12개월

12개월의 아이에게는 하루에 약 350~500ml의 우유가 필요해요.
2~3회로 나누어 제공하거나 요리할 때 조금씩 첨가할 수도 있어요.
우유의 양이 적당한지 체크하려면 아이가 이유식을 어떻게 먹는지 잘 관찰해보시고,
그에 맞게 제공 순서나 그 양을 조절해보세요.
돌이 되면 컵으로 우유를 마시는 것이 훨씬 좋답니다.
저지방 우유가 아닌 지방이 적당히 함유된 일반 우유로 먹이세요.

이제 아이에게 다양한 음식을 먹여볼 수 있는 좋은 시기가 되었어요.
여러 가지 레시피들을 즐겁게 시도해보세요.
다만 아직 소금과 설탕은 넣지 않는 것이 좋아요.
만약 꼭 필요하다면 아이가 먹을 음식은 따로 약하게 양념해주세요.
그리고 이때쯤 되면 아이가 숟가락을 이용해 스스로 먹을 수도 있답니다.
숟가락과 포크는 이유식을 시작하면서부터 계속 노출시키고 사용할 기회를 줘보세요.
아이의 자리에 놓아주는 것부터 시작하시면 돼요!
처음에 아이는 숟가락보다 포크를 더 쉽게 사용할 확률이 높다고 해요.
자꾸 사용법을 가르치려고 하거나 재촉하지 마시고,(아이가 흥미를 잃어요!)
그저 숟가락, 포크, 젓가락을 사용하는 여러분의 모습을 자연스럽게 보여주세요.

여러분, 결국 육아의 모든 것은 현재 이 상황을 즐기느냐
행복한 기운을 아이에게 느끼게 해주느냐에 달려 있어요.
아이는 여러분의 생각보다 뛰어나요. 앞으로도 아이를 믿고 즐겁게 기다려주세요.

11개월

분리 불안에 있어서는 애착 인형이나 잠친구 인형을 제대로 활용한다면 참 유용해요.
이전까지는 아이가 애착 인형에 대해 관심을 보이지 않았더라도
돌 무렵이 되면서부터 관심을 보일 확률이 높아지거든요.
이때 애착 인형과 관계를 형성하는 일에도 여러분의 노력과 전략이 필요해요.
아이가 잠들기 전 수면의식에 애착 인형을 활용해보세요.
잠자기 전에 까꿍 놀이를 했다면 애착 인형도 반드시 그 놀이에 참여시키시고요.
방을 따로 써서 아이에게 "잘 자~"하고 나왔다면 애착 인형에게도 똑같이 대해주세요.
이렇게 애착 인형을 아이의 잠자리에 항상 넣어주도록 하세요.
유아로 전환되는 시기의 아이들은 엄마의 가슴이나 젖병, 빨대컵, 공갈젖꼭지 등에
더 집착할 수 있다고 해요. 그 이유는 밤중에 배고파서가 아니라
그저 위안을 얻기 위한 특정 행위로서 그 물체를 선택하는 것이라 하더라고요.
애착 인형보다 이런 물체와의 유착이 심해지면 좋지 않은 습관이 형성될 수도 있답니다.
물론 아이가 항상 애착 인형을 안고 끌고 다니면 그 자체로 걱정이 될 수도 있어요.
하지만 앞서 언급한 물체들에 집착하는 것에 비한다면 애착 인형과의 유착(Bonding)은
늘 갖고 다녀야 하는 사소한 불편함 정도만 야기할 뿐 문제로 볼 수 없답니다.

애착 인형, 잠친구 인형, 이불 등을 잘 활용해보세요.
공갈젖꼭지를 하루 종일 입에 달고 다니는 것은 문제가 좀 달라요.
도가 지나친 공갈젖꼭지의 사용은 아이의 말하기를 방해할 수도 있거든요.
공갈젖꼭지를 억지로 뗄 필요는 없지만 잠잘 때만큼은 제대로 사용하도록 주의해주세요.

서기

아이가 섰을 때 잠자리 주의 사항이에요.
서기 시작하면 그 전에 혼자 잘 자던 아이도 자주 깨고 밤에 자다가 방문을 가리키며
나가자고 하고 부모의 한계를 시험하는 행동을 많이 할 거예요.
이때 원래 지켜오던 큰 틀의 잠연관을 변화시킬 생각이 없으시다면
아이의 습관 형성에 기초가 되는 '눅눅한 포테이토칩 이론'을 이해해보세요.
여러분이 생각하시는 좋은 습관으로 아이의 행동을 반복적으로 강화시키고
좋지 않은 습관에 대해서는 무관심으로 반응해 그 행동을 점차 줄이고 없애는 것,
이것이 계속 이어지며 좋은 습관을 만들어주는 기본 육아 과정이 된답니다.
아래 제가 직접 설명드린 QR 코드의 영상도 참고해보세요.

아이가 잠을 자지 않기 위해 부모를 소위 떠보는 행위 등에는 어떠한 반응을 해서
그 상호 작용의 덫에 빠지지 마세요. 그저 묵묵하고 편안한, 동요 없는 표정으로
"응~ 지금은 자는 시간이야~^^"라고 하시면서 평안히 반응해주세요.
만약 같이 자는 체제라면 아무런 자극 없이 목석처럼 누워 계세요!
'지금은 깜깜하고 어두운 밤이다~', '지금 네가 택할 옵션은 다시 누워 자는 것밖에 없어'
이러한 분위기를 느끼게 해주세요.

잠자리에서의 행동, '잠습관'도 다른 좋은 행동을 알려주기 위해
꾸준히 노력하시는 것과 마찬가지의 주제로 보시면 돼요.

혼자서도 잘 일어서요

10개월

여러분이 지금부터 대비하면 좋을 내용에 대해서 설명해볼게요.

1. 수유와 잠의 관계

수유와 잠이 연관되어서 고생하시는 분들이 아직 계실 수도 있어요.
그렇다면 이것은 단순히 '단유'의 이슈가 아니라,
그저 '잠연관'의 이슈임을 아셔야 해요.
잠습관 때문에 수유를 중단하실 필요는 절대 없어요.
잠연관으로 잡힌 수유 행동을 여러분이 다른 연관으로 변화시켜주시면 된답니다.

2. 컵 사용

아이가 돌로 근접하면서 수유보다는 이유식에서 더 많은 영양을 공급받기 때문에
젖병수유를 하시던 분이라도 서서히 컵을 시도해보도록 하세요.
사실 6개월부터 아이에게 빨대컵(스파우트컵)을 소개해줄 수 있답니다. 돌이 지나면서
젖병 대신 컵으로 우유를 마시게끔 해주시면 건강한 습관 형성에 도움이 된답니다.
돌로 근접해가며, 밤잠 전의 막수가 밤잠을 길게 자도록 도와주던 시대가 끝나는 것이죠.

잠연관의 변화든 젖병 대신 컵을 사용하는 일이든
아이에게 있어 모든 변화는 처음에는 힘들게 느껴질지도 몰라요.
하지만 이 과정을 통해 아이는 지금까지와는 전혀 다른 패턴을 뇌에서 익히게 되고,
아이의 뇌에 새로운 회로가 하나 더 생기면서 결국 긍정적인 영향을 받게 된답니다.

9개월

〈똑게육아 아이 잠 가이드라인〉

개월/나이	잠텀/깨어 있는 시간	낮잠 1회 길이	하루 낮잠 횟수
1개월	45~60분	45분~3시간	3~5회
2~3개월	1시간	1~3시간	3~4회
3~6개월	1.5~2시간	1.5~2.5시간	3~4회
6~9개월	2~3시간	45분~2시간	2~3회
9~12개월	3~4시간	45분~2시간	2회
1~2년	4~5시간	1.5~2.5시간	1~2회
2~4년	5~7시간	1~2시간	1회

- 9개월은 보통 3회의 낮잠 체제에서 마지막 낮잠이 탈락되며 2회로 정착되는 시기랍니다.
- 15개월에 보통 낮잠이 2→1회로 바뀐답니다.

여러분, 위에서 제시한 표는 참고용으로만 활용하시고,
언제나 아이를 관찰하고 아이 본연의 니즈를 파악하려는 자세를 유지해주세요~!

첫니

여러분, 첫니가 났다고 해서 너무 걱정하지 마세요.
'아이의 이 나기'와 관련해서 방대한 자료들을 살펴보고 종합한 결론!
아이의 이가 나는 것과 아이가 밤에 자다가 깨는 현상은 큰 관련이 없어요.
그저 아이를 처음 키울 때의 과도한 걱정에 미신이 더해져 생긴 우려일 뿐이에요.
1968년 핀란드에서는 아르비 타사넨(Arvi Tasanen)박사가
아이의 이가 나는 것과 잠의 상관관계에 대해 연구했어요.
4~30개월 사이의 아이 233명의 집을 방문해 관찰했지만,
아이의 이가 나는 것과 잠 사이에는 아무런 관련이 없다고 결론을 지었죠.
2000년에도 멜리사 웨이크(Melissa Wake), 마이클 맥키닌(Michael Mackinin) 박사가
비슷한 연구를 했지만, 결론은 역시 같았답니다.
6~18개월 사이의 아이들이 밤중에 깨는 이유는 낮잠이 부족하거나 잠습관을 잘못 들였거나
하루 스케줄이 비정상적이기 때문이지, 이가 나는 것과 직접적인 관련이 없다는 겁니다.
(정말 간혹 이가 날 때 아이가 잇몸이 찢기는 듯한 아픔을 느낀다면
 약 처방을 받을 수도 있겠지만 이런 경우는 극히 드물다고 합니다.
'이가 나서 아프겠지. 그래서 잘 못 자겠지'는 부모의 감정일 수 있다는 것, 염두에 두세요!)

무엇보다 아이의 이가 나는 것과 관련해서 주의를 기울여야 할 부분은
아이가 잠에 빠져들 때 모유나 분유를 먹고 있다면 충치 발생을 조심하셔야 한다는 사실!
아이의 이가 나기 시작했다면 입안을 잘 닦아주시고,
먹으면서 잠드는 좋지 않은 습관을 없애는 방향으로 잘 이끌어주세요.

앉기

아이가 앉기 시작하면
잠을 자다가 앉은 다음에 다시 눕지 못해 힘들어하는 경우가 생기기도 해요.
그때 아이는 누군가가 다시 눕혀주기를 바라는 것처럼 울 수도 있어요.
그래서 눕혀주면, 자기가 언제 그랬냐는 듯 용수철처럼 다시 바로 앉을 거예요.

여러분, 이때 상호 교류 게임에 빠지시면 안 돼요!
말은 최소로 하시고, 감정 동요 없이 그저 덤덤하게
아주 천천히~ 아이가 스스로 눕는 포지션으로 갈 수 있도록
그 방법을 알려준다고 생각하시고 도와주세요.
아이에 따라 며칠이 걸릴 수도, 간혹 몇 주가 걸릴 수도 있어요.
새로운 스킬(앉기)을 배웠기 때문이라고 생각하시고 편안히 차분하게 버텨주세요.
초반에는 그저 아이가 새로 배운 스킬을 완전히 익힐 때까지
조금만 거들어준다고 생각하시면 돼요.
만약 여러분이 많이 관여하게 되면 아이는 계속 자다가 앉아서 울 거예요.
'엄마(아빠)의 관심'을 얻기 위해서 말이죠.

낮에는 아이가 신체를 움직이며 앉았다가 눕는 행동을 자연스럽게 연습시켜주시고,
밤에는 아이의 안전 잠자리 형성에 계속 유의해주세요.
아이가 앉았다가 다시 누울 때 다칠 위험이 있는 물건들은 모두 치워주시구요!

혼자서도 잘 앉아요

잠습관

참~~~ 잘 때가 너무 예쁘죠. '언제 이렇게 컸지?' 싶으실 때가 올 거예요.
지금을 만끽하셔야 해요. 사실 저는 요즘 매일 같이 놀라요.
어느새 한 뼘씩 자라 있는 아이들을 바라볼 때면
꼬물꼬물 아가 시절일 때의 모습들이 오버랩되면서 그 시절이 참 그립거든요.

아이의 잠, 왜 이렇게 안 자고 힘들까. 이 대목에서 다음을 꼭 다시 한 번 생각해주세요.
아이의 잠습관을 바꾸고 싶다면, 바뀌어야 하는 것은 결국 부모의 행동이랍니다.
부모가 반응하는 행동이 바뀌어야 아이의 행동이 바뀌어요.
어쩌면 지금껏 반응해왔던 그 액션은 아이에게 편한 것이었다기보다는
여러분에게 편한 무의식적 반응이었을지도 몰라요.
그래서 항상 똑게육아에서는 '왜, 무, 어'를 기본적으로 떠올리자고 해요.

왜? – '왜' 이 상황이 발생했는지? 이 상황 저변에 깔린 이유, 아이의 실제 니즈,
육아에 있어서 '기회'로 볼 수 있는 이 상황에서
무? – '무엇을' 인생 교훈으로 알려주고 싶은지
(장기적인 관점에서 큰 시각을 가지고 문제 바라보기)
어? – 그것을 잘~ 알려주려면 '어떻게' 전달하는 것이 효과적인지 생각해보기

육아. 물론 많이 힘들지만, 우리가 서로에게 진심으로 조언해주고 힘이 되어준다면
분명 더 좋은, 행복한 솔루션들이 있을 거예요. 천사 같은 잠자는 아이의 얼굴을 바라보면서
여러분의 마음도 힐링하며 우리 모두 더 좋은 기운을 가져보아요! ♥

잘 때가 제일 예뻐

8개월

6~8개월 시기에 많이 겪게 되는 낮잠 문제에 대해 이야기해볼게요.
낮잠을 교육하신다면 (아이마다, 상황마다 다를 수는 있지만 일반적으로)
아침 낮잠(낮잠①)을 재우는 것이 오후 낮잠(낮잠②)을 재우는 것보다 쉬우니
낮잠①부터 점진적으로 건강한 잠습관을 알려주시는 편이 좀 더 수월할 거예요.
아이의 생체 리듬에 맞게 각 낮잠이 들어가는 시간부터 세팅한 다음에
잠연관에 변화를 주시는 게 좋아요. 만약 처음부터 잠습관을 제대로 들이지 못했다면
낮잠②를 알려주기가 조금 더 어려운 게 당연해요. 하지만 마음 편하게 생각하시고
차분하고 안정적인 기운을 100% 이상 뿜어내시며
그 기운을 아이에게 빌려주실 수 있다면 어렵지 않을 거예요!
낮잠 교육을 하실 때는 기록을 함께하면서
아이의 잠문(Sleep Window)이 언제 열리는지 잘 관찰해보세요!
살짝 졸리기 시작한 상태, 그 타이밍에 아이를 내려놓는 것이 중요해요.
그 적정 타이밍을 놓치면 피곤 때문에 잠들기가 더 힘들어지거든요.
그리고 낮잠 교육 중에는 당분간 외출을 피하고 집 안에서 집중하시는 것이 좋아요.
낮잠이 잘 자리 잡히면 아이는 질 좋은 휴식을 취하게 되어 더 행복해지고,
그로 인해 여러분은 아이에게 더 행복한 기운을 뿜어내실 수 있답니다.

종달새로 고생 중이시라면 아래 QR 코드 포스팅 속
'똑게육아 종달새 원인 진단 체크 리스트'를 꼭 참고해주세요.

기기

『0세 육아』라는 책에서는 아이의 움직임이
크게 4가지의 핵심 단계를 거치며 발달한다고 이야기해요.

신체 이동이 없는 움직임 → 배밀이 → 기기 → 걷기

이중 한 단계라도 그냥 건너뛰거나 충분히 숙달하지 않고 지나간다면
문제가 생길 수 있다는 것이죠.
특히 배밀이와 기기는 걷기를 배우기 위해서 뿐만 아니라
뇌의 전반적인 발달 과정에서도 필수적인 단계예요.
몸의 움직임은 뇌의 발달과도 밀접하게 관련이 있거든요.
그저 근육 하나 움직이고 연습하는 게 아니에요. 뇌에서 명령을 내리는 일이고,
이것은 아이의 말하기나 호흡 등과도 모두 연결되어 있답니다.
그리고 위의 4가지 단계 중 하나라도 기회를 제공해주지 않는다면,
즉, 예를 들어 돌이 될 때까지 계속 아기띠로 안아만 주다가
어느 날 갑자기 바닥에 내려놓고 "자, 걸어봐"라고 한다면 아이는 당연히 걸을 수 없겠죠.
모든 각 단계를 차근차근 경험해야 최종적으로 걸음마를 할 수 있는 것이랍니다.

각 단계를 건너뛰거나 '언제 다음 단계로 넘어가지?'라고 생각하지 마시고,
그저 각 단계별로 아이에게 충분한 시간을 주세요. 4가지 단계 모두 거치기!^^
아이의 올바른 발달을 위해 기억하시고 각 단계들을 즐겨보자구요!

7개월

아이의 밤수가 완전히 없어져 밤에 쭉 잘 자는 상황에 도달했다면, 이 시기에는
아이와 따로 각방에서 자거나 형제자매가 있다면 아이들 잠자리를 공유해도 된답니다.
미국소아과협회 자료에서도 6개월까지는 부모와 아이가 방을 공유하되(Room Sharing O),
건강한 잠습관을 위해 잠자리는 되도록 분리하는 것을 추천하고(Bed Sharing X) 있답니다.
만약 지금까지 아이와 딱 붙어서 자온 경우라면
습관을 바꾸는 것이 힘들게 느껴질 수 있겠지만 전혀 불가능한 일이 아니랍니다.
자신이 부모로서 원하는 바람직한 방향에 대한 확신이 있다면! 말이죠.
아이는 부모의 걱정과 망설임을 대번에 알아차리거든요.
부모는 자신이 진정 원하는 것이 무엇인지를 확실하게 정한 다음에,
그것을 친절하면서도 일관적인 태도로 아이에게 알려주면 돼요.
여러분이 아이에게 주고 싶은 건강한 잠습관이 무엇인지 먼저 생각해보세요.
아이의 습관을 바꾸기 위해 해야 하는 일에는 무엇이 있을까요?
여러분 자신에게 질문을 던져야 할 때에요. 사실 열쇠는 부모에게 있어요.
(처음에는 그 변화를 주는 게 우리가 낭떠러지에 서 있는 극한의 상황이 아니라면 참 힘들죠.
하지만 변화를 일관성 있게 잘 주면 아이는 정말 잘 배운답니다.)

육아에서 간과하지 말아야 할 부분이 바로 '경계선 긋기', '한계 설정하기'예요.
부모가 분명하게 경계선을 긋고 한계를 설정해야 아이가 안정감을 느낄 수 있어요.
아이는 원하는 것을 표출할 수 있어요. 그것에 평온하게 공감해주시고
여기서 여러분이 어떤 인생 교훈을 알려주고 싶은지 생각해보세요.
아이는 무엇이 자신에게 옳고 건강한 것인지 잘 몰라요.
아이에게 진정으로 필요한 것이 무엇인지, 바로 여러분이 알려주셔야 해요.

배변

아이를 낳기 전엔, 내가 정말 사람의 변을 이렇게나 많이 만지고ㅋㅋ
심지어는 보면서 좋아하기까지 하고 말이에요.
사진도 찍고 이럴 줄 알았겠냐구요!ㅋㅋ
저 또한 마찬가지였어요.^^
아이가 변을 보면 그것 또한 너무 귀여워서
사진을 찍어 아이의 할머니 할아버지께 보내기도 했었죠.ㅎㅎ

그런데 여러분, 아이가 변비에 걸리면 또 엄청 신경 쓰이시죠?
변비에 좋은 음식이나 솔루션을 살짝 말씀드려볼게요.

일단, 수분(물)을 많이 섭취시켜야 하고, 이유식은 섬유질이 많은
시금치, 양배추, 고구마, 미역, 단호박, 양상추 등을 먹이는 것이 도움 된답니다.
섬유소가 많은 잡곡도 좋구요.
또 과즙을 먹여보세요. 사과, 바나나, 배, 복숭아 등이 좋아요.

분유를 먹는 아이는 초반에 녹변을 볼 수도 있으니
아이의 변 색깔을 보고 너무 놀라지 마세요.
만약 변 색깔 때문에 걱정이 된다면 항상 사진을 찍어둔 뒤에
소아과에 갈 일이 있을 때 물어보면 된답니다.

힘주고
응~가!

음식

아이에게 제대로 된 식사 시간을 제공하려면
아이 전용 의자에 편안하고 바른 자세로 앉히는 일이 굉장히 중요해요.
등받이의 각도, 엉덩이의 위치, 발판(꼭 있어야 해요!)의 높이 등을 살펴보면서
아이가 힘들게 앉아 있는 건 아닌지,
테이블의 위치(아이 가슴 밑 정도의 높이)는 적당한지 꼭 체크해주세요.
식사 시간에는 '앉기'를 통해 '대근육'을,
손으로 음식을 '만지기, 집기, 쥐기, 짓이기기' 등을 통해 '소근육'을,
입으로 음식을 '씹기, 삼키기' 등을 통해 '구강근육'을,
그리고 먹는 것과 연결된 인지, 느낌 등을 모두 발달시킬 수 있어요.
앞으로의 음식에 대한 기초 토대를 형성하는 이 시간,
그 분위기가 아주 중요해요. 그러므로 식사 시간에는 항상 즐겁게 임해주세요.
1. 언제(식사 시간) **2. 어디서**(식사 장소) **3. 무엇을**(제공 음식) 먹을 건지가
여러분의 업무 영역이고, 이는 식사 시간 전에 모두 끝나야 합니다.
이제 그다음, 식사 시간에 얼마만큼 먹을지는 아이의 업무 영역이 됩니다.
즉, 무엇을 얼마나 먹으라고 이야기하거나 아이 옆에 맨투맨으로 찰싹 붙어서
아이의 입을 닦아내는 일에 치중하지 마시고 그저 아이의 페이스에 맡겨보도록 하세요.

식사 시간 전 열심히 부모의 먹이기 업무를 수행하셨다면,
아이가 먹는 동안은 바통이 아이에게 가니 지나치게 관심을 기울이는 것은 좋지 않아요.
아이의 기술과 자신감을 키우는 데 있어 여러분은 이때 그저 열심히 지원해주면 된답니다.
아이가 다룰 수 있는 크기와 모양의 음식을 건강하게 제공해주시구요.

말하기

여기에서는 부모가 알아두면 유용한 유아어에 대해 설명해볼게요.
특히 아이가 흥분했을 때는 '아이가 이 상황에서 말할 수 있었다면, 어떤 말을 했을까?'
아이의 마음을 공감해주시면서 아이의 '대변인'이 되었다 생각하시고
간단한 유아어로 표현해보세요. 아이가 감정의 소용돌이에서 벗어나는 데 도움이 된답니다.

1단계 – 짤막한 어구로 말한다.(길게 말하시면 안 돼요.)
2단계 – 반복해서 말한다.
3단계 – 말투, 목소리 톤, 얼굴, 몸짓, 손짓에 아이의 감정을 적절히 반영한다.(1/3 정도)

아이의 뇌는 원시인의 상태(1층)로, 특히 2층은 집을 짓는 과정에 비유하자면 설계 도면
스케치 상태예요.(1층 뇌와 2층 뇌에 대한 설명은 QR 코드 영상을 참고해주세요.)
아이가 떼를 쓰며 격한 감정, 흥분 상태에 있다면
여러분은 더 간단하게 유아어를 잘 활용해서 말씀하시는 것이 좋아요.
"화났구나! 화났어! 화났어!" 이런 식으로요.(『똑게육아 올인원』에 서술한 FFR도 참고하세요.)
물론 아이가 평정심을 되찾으면 다시 평소대로 말을 좀 더 길게 하셔도 돼요.

아이가 말을 하니 너무 귀엽죠?^^ 평소에도 아이에게 말을 많이 걸어주세요.
부담을 느끼진 마시구요. 이즈음에는 책을 많이 읽어주기보다는
(책은 그저 상호 활동의 도구일 뿐, 글씨를 읽어주는 그 행위 자체에 목적을 두지 마세요.)
사람 vs 사람으로 상호 작용하는 그 상황 속에서 말을 배울 수 있게 해주세요.
대부분의 언어 습득은 실생활에서 이루어지거든요.
그러니까 너무 독백 놀이 등에 강박을 갖지 마시고 그저 아이와 편안하게 소통해주세요.

옹알옹알 말하기

낮잠

제가 컨설팅을 하며 제일 많이 들은 이야기가
"로리님~! 저희 아이는 예민한 아이가 아니었어요!"였답니다.
(잠영양분을 충분히 주시면 아이의 면역력↑ 만족감↑)
낮잠은 제대로 잘 자지 않으면 잠영양분이 모자라 소위 '낮잠 빚'이 쌓인답니다.
스트레스 호르몬이자 피로 호르몬인 코르티솔(Cortisol) 수치가 급상승해요.

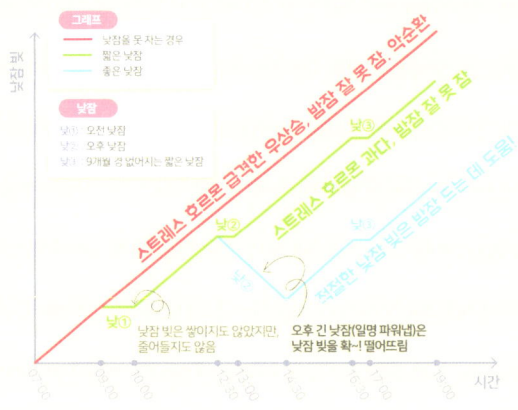

보이시나요? 적정한 피로 레벨, 코르티솔 레벨은 밤잠에 들어갈 때도 필요해요.
하지만 낮잠을 못 자거나, 짧게 자게 되면 피곤이 쌓여 밤잠 들어갈 때도 힘들어진답니다.
그러니 컨디션이 좋지 않아 밤잠을 제대로 못 자게 되고, 그로 인한 악순환…TT
완전 보기 힘든 짜증 대마왕 아기가 출현하게 되는 것이랍니다.

아이의 자연스러운 체내 시계의 변화들을 호르몬 분비 추이와 함께 이해하신 뒤
똑게 스케줄을 참고해 실천하신다면
여러분은 정말 순둥한 아기, 평화롭고 만족스런 아기를 만나실 수 있을 거예요.

쌔근쌔근
낮잠 시간

육아 퇴근

여러분, 사람이 24시간 7일 내내 작동하기란 불가능해요.
육아도 집안일도 퇴근 시간을 따로 정하지 않으면 재충전을 할 수가 없죠.
여러분 스스로 Me-Time(나만의 시간)을 필수적으로 만들어야
진정으로 행복한 육아를 해나갈 수 있답니다.
비행기 안내 방송 중, 엄마가 먼저 산소마스크를 쓴 다음 아이를 씌우라는 것!
꼭 유념하셔야 해요. 여러분이 그토록 지키고픈 아이를 정말로 위한다면
무엇보다 먼저 나의 마음 상태를 관찰하고 스스로를 '육아'해야 함을 기억하세요.
똑게육아로 육퇴(육아 퇴근)가 생겨 자기 자신을 챙길 수 있게 된다면
여러분은 엄마 세계에서 소위 '럭셔리'라 불리는 행동을 조금이나마 누릴 수 있답니다.
'돌 전 아이를 육아할 때 우리에게 있어 럭셔리란?'이라는 설문을 진행해본 적이 있어요.
'아무것도 하지 않은 채 혼자 잠시 누워 있기'에서 무한 공감되더라구요.
여러분만의 행복한 Me-Time을 위해 5분, 10분, 15분 등 짧은 시간이더라도
그 혼자만의 귀중한 시간에 하고 싶은 일을 미리 계획해두는 것도 중요하답니다.
이를 테면 아래와 같은 일들이요.

앉기, 샤워하기(관중이나 중간에 문 여는 사람 없이), 화장실 조용히 가기, 네일 손질하기,
성인과 중단되지 않는 대화하기, 따뜻한 음식 천천히 음미하며 먹기, 귀걸이 하기,
좋아하는 TV 프로그램 처음부터 끝까지 보며 잉여 시간 보내기, 쇼핑하기 등

저는 따뜻한 차 한 잔을 예쁜 컵에 담아 마시는 시간을 좋아해요.
여러분, '행복'이라는 영양분을 자기 자신에게도 부디 마음껏 주시길 바랍니다!

6개월

4~5개월이 지났다면 속싸개는 떼셔야 해요.
물론 걱정이 많으시겠지만, 차츰차츰 아이의 팔을 꺼내고,
그다음에 다리를 꺼내는 식으로 적응시키면 큰 무리가 없답니다.
'속싸개 → 자신이 좋아하는 잠자세를 찾아서 잠들기(안전은 꼭 체크)' 인 거죠.
이미 속싸개를 떼고 심지어 아이가 뒤집기까지 하는데,
아이가 뒤집기를 시작하면서 잠을 잘 못 자는 것 같으니
아이가 잘 때 움직이지 못하게끔 뒤집기 방지 쿠션을 쓰거나
무거운 이불로 아이를 누르는 등의 우를 범하지 않도록 하세요.
속싸개를 뗄 시기가 되면 아이가 알아서 사인을 보내니 잘 관찰해보세요.
특히 뒤집기를 시작했다면 이제 아이는 손을 스스로 움직이며,
팔을 딛고 머리와 몸을 움직일 수 있다는 의미이기 때문에 속싸개를 떼셔야 해요!
그리고 보통 이때쯤 이유식을 많이 시작하실 거예요~!
먹는 것과 잠자는 것은 긴밀하게 연결되어 있다는 사실을 잊지 마세요.
하루에 한 번 이유식을 한다면 '점심'부터 제공하는 게 좋아요.
저녁에는 처음 먹어보는 음식이 소화가 잘 안 되거나,
소화 효소가 만들어지는 과정 때문에 밤잠의 숙면을 방해할 수 있거든요.

이유식은 **점심→저녁→아침** 순 혹은 **점심→아침→저녁** 순으로 소개하면 좋아요.
아침을 늦게 소개하는 것은, 돌 전까지는 이유식만큼 수유도 중요하기 때문에
가장 효율적으로 팍팍 먹일 수 있는 첫수를 잘 활용하자는 이유에서랍니다.

이유식

〈똑게육아 이유식 가이드라인〉

시기	이유식 형태	이유식 횟수	모유, 분유, 이유식 비율	한 끼 분량	하루 수유량
5~6개월	미음	1회 (시작한 후 1개월 지나면 2회로)	수유 90%, 이유식 10% ↓ 수유 80%, 이유식 20%	30~80g	약 800~1,000ml
7~9개월	죽	2회 (핑거 푸드 제시)	수유 70%, 이유식 30% ↓ 수유 60%, 이유식 40%	70~120g	약 700~900ml
10~12개월	진밥	3회 (숟가락 노출 및 연습 가능)	수유 35~40%, 이유식 60~65% ↓ 수유 30%, 이유식 70%	100~150g	약 500~700ml
13~18개월	유아식	3회+간식 (숟가락 시도 가능)	수유 25%, 이유식 75% ↓ 수유 20%, 이유식 80%	120~180g	약 400~500ml (생우유 포함)

* 간식은 하루 몇 회 언제부터 주어야 한다기보다는 아이의 성향에 따라 판단하세요.

'아이주도 이유식'의 장점을 접목, 핑거 푸드를 늦게 제시하는 우를 범하지 마세요~!
'**받아먹기**' vs '**차려진 음식을 주도적으로 탐색하며 먹기**' 중 후자를 놓치지 마세요~!
아이가 스스로 먹는 과정을 정리해보았어요. 기억하시고, 이 부분도 놓치지 말자구요.

- 6~7개월: 손바닥 전체로 쥐어 손으로 집어 먹는다.
- 9개월: 엄지와 다른 손가락으로 집어 입에 넣을 수 있다. 숟가락, 포크를 위에서 집는다.
- 10~12개월: 엄지와 검지가 숟가락 앞쪽으로 향하게 쥔다. 숟가락 사용을 연습해나간다.
- 13~24개월: 연필처럼 숟가락을 쥔다.   • 24~36개월: 숟가락으로 혼자 먹을 수 있다.

돌부리

돌부리는 급성장기, 원더윅스, 잠 퇴행기, 새로운 스킬 터득, 환경적인 변화 등을
모두 포함해 가리키는 똑게 용어랍니다.
사실 돌부리는 더 나은 탄탄한 길을 위한 하나의 작은 점일 뿐이에요.
아이가 돌부리를 지나갈 때는 먼저 아이의 변화를 이해하려고 하고,
평정심을 유지한 채로 차분함과 애정어린 따뜻한 관심을 전해주세요.

예를 들어 아이가 뒤집기를 하려고 용을 쓸 때 도와주고 싶은 마음을 꾹 눌러 참고
그 대신 아이 옆에서 조용히 피드백을 전달하는 자세.
"그래, 그렇게 하면서 몸을 일으키는 거야. 힘들지? 그렇게 근육을 만드는 거야."
그러면 부모가 자신의 노력을 인정하므로 아이도 노력할 가치가 있다고 생각해요.
또 부모가 끼어들어 도와주지 않으므로 아이는 이 일이 자신의 일이라고도 생각하죠.
그리고 부모의 말투가 느긋하므로 지금은 응급 상황이 아니며, 계속 연습한다면
아이는 곧 이 일에 능숙해질 거라고, 엄마도 그렇게 확신하고 있다고 생각한답니다.
부모가 아이의 미묘한 변화에 반응하므로 아이는 필요할 때
부모가 자신을 도와줄 것이라고 믿어요.

아이의 돌부리 시기에는 사실 부모 자신의 불안감을 다스리는 게 관건이에요.
아이에게 차분하게 반응하며 스스로의 뛰어난 능력을 찾을 수 있도록 적극 지원해주세요.
돌부리에서 아이를 구출하고 싶은 충동적인 마음을 누르고 아이에게 집중해주세요.
'응~ 성장하고 있구나. 지금은 좀 더 세상이 낯설어서 잠드는 게 힘든 모양이네?'
바로 이렇게 말이죠!

뒤집기

아이의 뒤집기는 '잠'의 관점에서 두 가지 단계로 설명해볼 수 있어요.

1. 뒤집기는 되는데, 되집기는 아직 안 되는 단계

아이가 아직 되집기가 안 되는 상태라 행동이 익숙하지 않기 때문에
되집기 액션을 조금 도와줄 수는 있어요. 물론 아이가 힘들어할 때요.
다만 마법처럼 획~! 들어서 안아 올려 하늘을 보고 눕게끔 돌려놓는 것이 아니라,
아이가 실제로 되집는다면 어떤 근육을 써서 조금씩 움직일지를 생각해
그 시나리오대로 슬로우 모션으로 이끌어주며 천천히 되집어주는 것이 포인트예요.

2. 뒤집기와 되집기 모두 되는 단계

이제 잠자세 세팅에 있어서는 여러분의 손을 떠난 상황이에요~!
아이는 자신이 좋아하는 잠자세를 찾아내 지금보다 더더더 꿀잠을 잘 거랍니다.
이때는 똑게식 허허벌판 체제를 마련해 뒹굴뒹굴하다 편한 잠자세에 정착해
잠들게 되면 OK! (안전은 똑게육아 체크 리스트로 점검하시면서 유의해주세요.)
엄마와 아이가 함께 자는 체제라면 완벽히 잠든 상태로 빙의해 목석처럼 누워 계세요.

아이가 뒤집기와 되집기를 터득한 지 얼마 안 되었다면, 바뀐 상황과
새로운 스킬을 익히는 과정의 낯설음으로 적응 울음이 다소 발생할 수는 있어요.
하지만 잠깐 며칠뿐이랍니다. 달라진 세계에 아이는 적응을 하게 되고, 그러면서
좋아하는 잠자세도 찾게 되며, 어느새 더 꿀잠을 자고 있는 아이를 만나게 될 거예요.

뒤집기 성공

통잠

자다가 자주 깨는 아이는 아무 잘못이 없답니다.
아이가 성숙하지 못해서가 아니에요. 오히려 아이는 현실에 완벽히 적응한 셈이죠.
이때까지 아이는 정말 많은 것을 배웠다는 사실, 반드시 인지하셔야 해요.
여러분이 인지하지 못한 채 한 행동일지라도 아이는 여러분에게 배운 잠연관으로
잠에 빠져들어요. 여러분이 피로의 극한까지 자신을 몰아붙여
넘치는 사랑과 희생을 보여준다 한들, **'변화'**를 주기 전까지 상황은 바뀌지 않아요.
단지, 지금까지 아이는 배울 기회를 얻지 못했을 뿐이에요.
제대로만 배운다면, 아이는 밤새 깨지 않고 푹 자는 법을 터득할 수 있답니다.
실제로 아이들은 부모의 도움 없이 혼자서 잠들 때 더 잘 잔답니다. 증명된 내용이죠.
연구 결과 '잠들 때 도와주고 잠들고 나서야 잠자리에 눕혀지는 아이들'은
'혼자 잠든 아이들, 즉 깨어 있는 채로 잠자리에 누워 혼자 잠을 청한 아이들'보다
밤에 더 자주 깨는 것으로 나타났어요. 심지어 평균 수면 시간도 1시간가량 적구요.
그렇다고 이 결과를 아이를 꼭 혼자 재워야 하는 것으로 이해하시면 곤란해요.
같이 자더라도, 그 능력을 키워줄 수 있는 방법 또한 있으니까요.
무엇이든 '정의'부터 잘 이해하시는 것이 그래서 중요해요.
아이가 타고나는 중요한 능력 중 하나가 스스로 잠드는 법을 터득하는 것이랍니다.
우리는 아이에게서 이 능력을 터득할 기회를 빼앗지 말자구요.

처음에는 아이가 마음에 들어 하지 않는 일이라도 부모라면 적극적으로 나서야 해요.
아이에게 제대로 된 틀을 제공하고 그것을 잘 배워나가도록 가르치는 것이
부모의 역할이고 의무랍니다. 부모가 체계적으로 일관성 있게 도와주면
아이는 짧으면 3일, 길어도 2주면 습관을 바꿔요. 아이를 한번 믿어보세요.

밤수

주위를 살펴보면 아이가 먹는 영양소에는 크게 신경을 쓰면서,
정작 아이의 '뇌' 영양분으로 중요한 '잠'에 대해서는 간과하는 분들이 많아요.
전문가들은 '잠'도 먹는 영양소와 똑같이 생각하라고 한답니다.
먹는 것에 있어서는 평균적으로 섭취해야 할 영양소를 일일이 체크하면서
어떻게든 모자람이 없이 먹이려고 하시는데, 정작 잠은 어떠신가요?
밤수는 생후 6~8주가 지났다면 굳이 텀을 챙기면서 꼭 먹여야 하는 수유가 아니라,
스킵 되어도 OK~! 자연스럽게 없어지는 것을 목표로 삼아야 하는 수유랍니다.
(물론, 그만큼 낮수가 늘어나는지는 체크해보세요.)
아이의 잠이 어른과 비슷해지는 4~5개월경에 도달했다면, 이제는 부모가 '도움'이라고
생각하는 일이 실제로는 수면 문제의 원인이라고 해도 무방해요.
'밤중에 먹어야 해!'라는 건 부모가 알려준 셈이죠.
지금 변화가 필요하다면, 대개 현재 아이가 지극히 정상이라고 생각하는 반응 대신에
다른 반응을 밤중에 일관성 있게 취해주세요. 원래 주시던 반응만 일관성 있게
(with 평화로운 태도로), 제외해주신다면 4일째쯤이면 아이가 자연스럽게 변한답니다.
그러나 부모가 이렇게 하지 못해 극한까지 치닫곤 하죠. 미리 계획하고 의도해서
변화를 주는 것, 정말 마음먹기에 달려 있어요. 부모가 자신감과 확신을 바탕으로
문제에 대응하는 모습은 아이가 바르게 성장하는 데 중요한 요소가 됩니다.
언제 무엇을 원하는지 아이에게 전적으로 맡기는 것은 부모로서 무책임한 태도예요.
아이가 원하는 것이 아니라 아이에게 필요한 것을 주세요!

밤수를 줄여야 낮에 먹는 양이 늘어납니다. 그래야 건강한 스케줄이 가능해요.
아이가 하루에 먹는 양을 전체적으로 기록하시면서 영양분이 충분한지 체크해주세요.

5개월

밤잠이 공고히 잡히기 시작할 거예요.

1. 기상 시간

5개월부터는 이상적인 기상 목표점을 생각해두시고 그 방향으로 반응해주세요.
만약 기상 시간을 오전 7시로 생각하신다면 그때 첫 번째 수유를 하시는 게 좋아요.
이 시기의 아이들은 보통 오전 5시 30분~7시 사이,
얕은 잠의 단계를 거치기 때문에 그 시간대에 일어나기 쉽거든요.
결국 하루의 시작은 여러분이 어떻게 반응하느냐에 달려 있어요.
이 시기에 마지막까지 남아 있을 확률이 큰 밤수③도 아침 첫 수유로 서서히 돌려볼 수 있어요. 밤수를 점진적으로 자연히 탈락시키는 방법은 『똑게육아』를 참고해주세요.

2. 낮잠

낮잠①은 오전 8시 30분~9시, 낮잠②는 오후 12~1시에 재우시는 게 체내 시계상 좋아요.
낮잠 시간에는 '최소 1시간 동안 잠자리에 두기' 전략을 활용해보세요.
낮잠 시간 자체를 잘 일구어두셨다면, 최소 1시간 정도 아이가 자건 안 자건
자신의 안락한 잠자리에 내려놓아 원기를 회복할 일종의 '휴식 시간'을 주는 거예요.
이러한 기회로 아이는 자연스럽게 스스로 잠이 드는 경험을 할 수도 있고,
잠연장도 잘 할 수 있게 된답니다.

낮잠①은 운영 방식에 따라 '밤낮이 바뀌는 현상'과 '종달새'를 불러일으킬 수 있는
확률이 높은 낮잠이에요. 낮잠① 들어가는 시각과 아침 기상~낮잠①까지의 잠텀,
낮잠① 수면 시간을 체크하시며 아이의 하루를 건강하게 일구어주세요.

months

수면의식과 잠연관

수면의식과 잠연관은 정말 한 끗 차이예요. 앞서 살펴본 어부바로 예를 들어볼게요.

1. 수면의식으로 사용된 어부바
5개월 이후 아이의 목에 힘이 들어갔을 때 수면의식(진정 루틴)에 어부바를 넣어
약 5분간 똑게식 어부바 자세로 진정시켜줍니다.
그리고 아이가 푹 잠들기 전에 내려놓으면, 물론 때에 따라 "엥~!" 하고 울 수는 있지만
셀프 수딩 능력을 이미 배운 아이라면,
금세 안정을 되찾고 스스로 잠에 빠져들 거랍니다.

2. 잠연관으로 사용된 어부바
아이가 등 위에서 푹 잠들 때까지 업고 있다가 내려놓는 거예요.
스스로 잠들 수 있는 능력이 없는 아이라면 내려놓을 때
얕은 잠의 단계나 갑작스러운 환경의 변화로 인해
당연히 더 자지러지게 울 확률이 높아요. 스스로 잠에 빠져들기도 힘들구요.

처음으로 부모가 된 상황이라면 내 가슴팍에 안겨 잠든 아이를
'잠은 이렇게 자는 거야~'라고 알려주기 위해 떼어 내려놓는 행동이
힘들게 느껴지는 건 당연해요. 하지만 이때 매정하다고 느끼는 감정이
실제로 누가 느끼는 감정인지는 반드시 점검해봐야 해요.
'깨어 있을 때 내려놓기' 방법은 건강한 잠습관을 선물하는 데 긍정적인 잠연관으로
큰 틀을 이룬다는 사실을 꼭 기억하세요.

목 가누기

아이가 목을 가누었다면 이제 어부바도 한번 시도해볼 수 있답니다.
어부바는 특히 비상시나 외출할 때 유용하구요,
아이를 빠르게 진정시키는 데에도 안성맞춤이랍니다!
5분 안에 아이를 진정시키는 똑게 어부바 스킬 전수! (QR 코드 영상도 함께 참고해주세요.)

포인트는 여러분이 5S에서 보신 옆 또는 배 쪽으로 눕힌 자세!
이 자세를 등 위에서 재현해주시는 거죠. 살짝살짝 바운싱과 함께!
만약 빠르게 진정시키는 것이 목적일 때는,
그저 하염없이 업고서 직립 보행하는 것은 노노~!

어부바를 할 때도 여러분의 등 기울기를 90도로 거의 수평하게 만들어주거나,
이것이 몸에 부담이 된다면 약 45도 정도만 기울여준 뒤,
마치 오뚝이처럼 양쪽 발을 무게 추로 삼아 왔다 갔다 하며 살살 바운싱을 준다면
어느새 마구 울고 있던 아이가 엄마 등에 뺨과 코를 문지르다 진정될 거예요.
피겨 스케이팅 자세와도 비슷하니 참고해보세요!

목 가누기 성공

등센서

아이가 잠을 어떻게 자느냐 하는 것 → Learned Skill, 학습, 배우는 것

이 이야기는 정말 빠지지 않고 잠 관련 책 서문에 꼭 등장해요.
소위 '등센서'라 불리는 것은 정말 한 끗 차이에요.
대부분 처음에 아이를 내려놓고 나서 아이가 "엥~!" 하고 울면
"이크~!" 하며 마치 무조건 반사 행동처럼, 바로 용수철이 튕겨 오르듯
아이를 다시 안아 올리면서 반응하시잖아요? 노노~~~ 그게 아니에요.
만약 둘째 아이라면, 일단 그렇게 할 틈이 안 나는 체제이기도 하구요.
둘째 때는 마인드 자체가 달라져 있기 때문에
아이를 내려놓을 때 울면, '당연히 아이는 울게 되어 있지'라고 생각해요.
더군다나 여러분이 처음부터 '눕 잠연관 테크(눕는 것=자는 것)'를 안 타셨다면
등센서 작동은 아이가 정상이라는 걸 알려주는 아주 자연스러운 상황일 뿐이에요.
아이한테는 등 대고 누워 있는 상황이 익숙하지 않은데다
어떻게 자야 하는 건지 터득하지 못했으니 당연히 울음으로 표출을 하는 거죠.
문제는 아이가 울 때 단 몇 초라도 기회를 주었느냐는 거예요.
이것이 어찌 보면 정말 한 끗 차이랍니다.

등센서 발현 자체는 이상한 게 아니에요. 문제는 이것에 어떻게 반응하느냐!
'응~응~ 괜찮아.^^ 등 대고 누워보니 느낌이 낯설어? 괜찮아~'의
평화로운 태도 vs 안절부절 바로 안아 올리기
결국 '부모가 아이의 울음에 어떻게 적절히 반응했느냐!'와
매우 밀접한 관련이 있다는 것, 꼭 기억하세요!

잠투정은 이제 그만~

원더윅스

원더윅스(Wonder Weeks)는 아이의 정신적인 도약기를 뜻해요.
직역해서 '경이로운 주수' 정도로 생각하시면 된답니다.
사실 원더윅스에 너무 얽매이실 필요는 없어요. 자칫하면 주객이 전도되거든요.
원더윅스에 대해 알게 된 다음에 "아~ 우리 아이가 원더윅스였구나" 하면서
여러분의 마음이 편안해지시면 그만이에요. 마인드 컨트롤을 하는 거죠.
아이에게 다가올 원더윅스를 미리 막~~ 체크해두고 걱정하지 마세요.
원더윅스의 시기는 아이마다 조금씩 다 다르거든요.
여러분이 원더윅스를 걱정할수록 그걸 아이가 느껴서 더 돌부리로 작용해요.
차라리 그럴 바에야 그냥 원더윅스 자체를 잊고,
아이가 너무 짜증을 부릴 때 체크용으로만 생각해주세요.
몇몇 분들은 원더윅스가 그저 표본 집단을 조사해서 나온 결과임에도 불구하고
그 주수에 따른 아이의 변화가 딱딱 맞아떨어져야 한다고 생각하시더라고요.
원더윅스가 무엇인지, 어떻게 조사해서 나온 것인지는
아래 QR 코드 영상을 참고해주세요.

아이를 키우면서 너무 특정 시기에 얽매이지 마세요.
현명하게, 융통성 있게 참고 자료로만 활용하시면 충분해요.
똑게 시조 '이런들 어떠하리, 저런들 어떠하리'와 같은 마음가짐,
여러분의 편안한 마음이 가장 중요하다는 사실을 언제나 잊지 마세요!

4개월

4개월이 되면서 아이의 낮잠에서도 패턴이 보이기 시작해요.
아침 낮잠(낮잠①)은 정신적으로 회복되는 낮잠이에요.
오후 낮잠(낮잠②)은 신체적으로 회복되는 낮잠이에요.
또 4개월부터는 아이에게 건강한 스케줄을 만들어주시는 데 좀 더 집중해보세요.
아이의 건강한 스케줄을 위해서 다음과 같은 것들을 이해해보세요.

1. 서캐디안 리듬(Circadian Rhythm, 체내 시계)
4개월은 체내 시계의 발달이 명확해지는 시기예요.
아이의 몸속 호르몬을 직접 연구한 결과랍니다.
낮잠①은 오전 9시쯤, 낮잠②는 오후 12시 부근에 자는 것이
체내 시계의 호르몬과 맞아떨어지는 시간대이니 참고하도록 하세요.
고양이잠으로 보통 나타나는 낮잠③은 9개월쯤 완전히 없어져요.

2. 셀프 수딩(Self-Soothing, 스스로 진정하기)
셀프 수딩은 가르쳐주면 잘 배우는 학습 스킬이에요. 잠습관도 마찬가지구요.
처음에는 힘들다고 생각하실 수도 있지만, 지금이 가르치기 가장 좋은 시기랍니다.

모든 각 잠텀이 기계적으로 같을 수는 없지만, 일정한 패턴을 보이게 돼요.
이제는 예측이 가능해지는 것이죠.
고양이잠인 낮잠③을 제외하고는 최소 1시간 이상 재우는 것이 좋아요.

months

100일

100일이 되었는데도 아이의 잠습관이 고민인 분들은 다음 내용을 한번 생각해보세요.

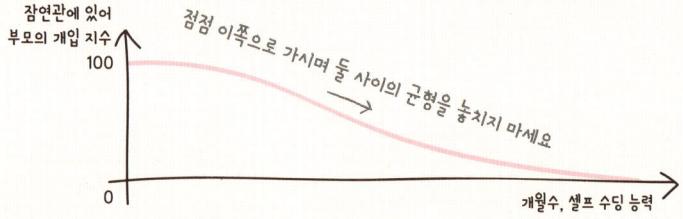

혼자서 잘~ 잘 수 있는 능력이 있는 아이에게
이른바 '잠목발'을 여러분이 손수 쥐어주고 있는 건 아닌지 말이에요.
아이의 잠 관련 책에는 단호한 어조로 이렇게 나와 있어요.

"당신이 아이를 재운다고 하는 그 행동은 사실 아이를 재우는 것이 아니라 깨우는 것이다."

왜냐하면, 아이는 4, 5개월로 진입하면서
얕은 잠, 깊은 잠 단계의 잠사이클이 더 명확하게 생기거든요.
그래서 처음 잠이 들 때의 조건이 얕은 잠의 단계에서 동일하게 제공이 되어야
당연하게 잠사이클이 스무스하게 연장이 되면서 돌아가요.

처음 제공한 잠연관을 45분 단위로 찾아오는 아이의 얕은 잠사이클의 단계에서
계속 제공할 수 없다면, 여러분은 아이를 깨우는 행동을 하신 셈이에요.
그토록 최선을 다해 재우기 위해 애를 쓰신 행동이라 할지라도 말이에요.
그러니, 지금부터가 중요합니다. 응원할게요. 파이팅!

배밀이

'바닥에 등 대고 재우기'는 사실 역사가 길지 않아요.
1992년에 미국에서 'Back to Sleep'이라는
바닥에 아기 등을 대고 재우자는 캠페인이 시작되었거든요.
영유아돌연사를 연구하다 보니, 바닥에 아기 등을 대고 재우면
그 수치가 줄어드는 사실을 통계 결과로 알게 되어 시작된 것이죠.
사실 우리들의 엄마 세대는 5개월 전 아이를 엎드려 재우는 일에 익숙해요.
우리나라에는 1992년보다 더 늦게 들어온 캠페인이거든요.
바닥에 아기 등을 대고 재우기는 영유아돌연사 방지를 위한 제1의 권고 사항이라
꼭 지켜주셔야 해요. 다만 이로써 나타나는 단점까지 면밀하게 살펴본다면
우리는 정말 윈-윈 할 수 있을 거예요.
다음은 바닥에 아기 등을 대고 재우기 시작하면서 나타난 2가지 단점이에요.

1. 목, 등, 다리 등의 근육을 발달시킬 기회가 줄어들었다는 것
2. 평평한 뒤통수(Flat Head)

그래서~! 아이에게 배밀이를 연습시키는 '터미타임(Tummy Time)' 기회는
등 대고 재우기의 단점까지 극복할 수 있는 중요한 놀이 시간이 되어준답니다!

2~3개월 이전 시기에는 수유 쿠션을 이용해 아이에게 터미타임의 기회를 줄 수 있어요.
터미타임을 언제, 어떻게, 얼마나 하면 좋은지에 대해서는
『똑게육아 올인원』을 참고해주세요.

꼬물꼬물 배밀이

3개월

3개월쯤 되면 잠텀이 1시간 30분 정도로 늘어나요.
초반에 낮잠은 하루에 4~5번 잘 수도 있지만, 낮잠 수면 시간이 점점 길어질 거예요.

1. 2개월부터 아이에게 셀프 수딩 능력을 키워주셨다면
   아이는 낮잠에서 잠시 깨더라도 스스로 잘 연장하며 다시 잠에 들 거랍니다.

2. 많은 아이들이 아직 완벽한 셀프 수딩 능력을 터득하지 못하기에 30~40분 뒤에
   낮잠에서 깰 수도 있어요. 이때 여러분이 사랑으로 격려하며 잘 알려줄 수 있답니다.

3. 3~4개월은 잠에 있어서 중요한 시기예요. 아이의 잠 리듬을 잘 관찰해
   아이에게 더 공고하고 건강한 잠습관을 선물해줄 수 있거든요.
   (잠을 자야 하는 체내 시계에 근접했을 때, 멜라토닌 호르몬이 증가하고 아이의 체온이 내려가요.
   이 리듬을 같이 타셔야 해요. 6~8주 이후부터 멜라토닌이 형성돼요.)

아래 내용은 이 시기에 집중적으로 노력해야 할 것들이에요.

- 아이의 잠텀을 잘 관찰해서 아이가 졸릴 때 보이는 행동들을 파악한 뒤,
  아이가 피곤해지기 전에 잠자리에 내려놓아보세요.
- 4개월 전 유용한 5S 진정 방법을 숙지하신 뒤 여러분만의 진정 루틴을 수행해보세요.
  잠자리에 내려놓기 전, 진정 루틴 의식을 한다면 아이는 곧 잠큐사인으로 인지할 거예요.
- 오후 7시쯤 밤잠에 들어가는 식으로 아이의 체내 호르몬을 이해하세요.

먹·놀·잠

먹·놀·잠의 순서를 지켜야 하는 건 2가지 이유 때문이에요.

1. 자고 일어나서 바로 먹어야 아이의 에너지가 최상일 때 효율적으로 짝짝 먹을 수 있어요.
 예를 들어 놀→먹→잠이 되면, 노는 데 에너지를 써버려
 먹을 때 풀 에너지 상태가 아니다 보니 먹는 양이 다소 줄어들 수 있거든요.

2. 놀→먹→잠이 되면 먹는 것과 자는 것이 이어지기 때문에 부지불식간에
 '수유=잠연관'이 되기 쉬워요.

사실 위의 2가지에 해당되지 않는다면 순서에 집착하실 필요는 없어요.
트림만 잘 시키고 재운다면 놀→먹→잠도 나쁘지만은 않거든요.
먹→놀→잠이든 놀→먹→잠이든 중요한 것은
왜 먹→놀→잠 순서를 추천하는지 그 이유를 알고 있는 것과
여러분이 아이의 패턴을 파악해 그에 맞는 스케줄을 예측할 수 있다는 데 있어요.
언제 어떤 행위를 할 것인지, 즉 언제 수유를 하고 언제 잠자리에 눕힐지가 예측이 되면
확실히 여유로운 육아가 가능해요.

자, 이제 먹텀과 잠텀을 활용해 똑게식 하루 스케줄을 짜보세요!
먹→놀→잠 순서가 완벽히 구현된다면 좋겠지만,
아이는 가끔 다음번 수유텀으로 예정된 시각까지 자지 않고 짧게 자고 일어날 수도 있어요.
그러면 본의 아니게 먹→놀→잠→놀→먹이 될 수도 있답니다.

밤낮 구분

생후 6~8주 전이라면(조산아는 예정일로부터 계산) 밤잠이 좀 불규칙할 거예요.
하지만 6~8주가 지났다면 밤잠은 패턴이 생기고, 또 길어져요.
최소 4시간에서 최대 6시간까지 밤잠을 쭉 잘 수 있게 된답니다.
결국 생후 6~8주가 지나면서부터 아이는 밤낮을 확실히 구분하게 되고,
그러다가 3~4개월쯤 되면 낮잠까지도 규칙적으로 자리 잡힌답니다.
짧게 자주 자던 낮잠에서 3번(긴 낮잠 2번, 짧은 낮잠 1번)의 낮잠으로 바뀌게 되죠.
사실 이때 가장 중요한 점은 아이를 너무 늦게까지 깨워두면 안 된다는 거예요.
아이가 피곤해서 지칠 때까지 깨워두는 우를 범하시는 부모님들이 많은데,
좀 더 일찍 잠자리에 들게 해주세요. 특히 3~4개월 이후의 밤잠 적기는 오후 7시랍니다.
다음을 꼭 사수해주세요.

1. 질 좋은 낮잠   2. 이른 밤잠으로 들어가는 시간(아이의 체내 호르몬 이해)

부모님이 둘 다 일하시는 경우라면 아이와의 시간을 위해 더 늦게까지 깨워두기도 하지만,
그러면 아이의 생체 리듬과 잠영양분이 파괴된다는 점을 기억하세요.
그리고 주말에는 여러 가지 이벤트로 인해 낮잠 영양분이 파괴되기도 해요.

당연히 잠은 규칙적인 스케줄이 좋아요. 하지만 혹여 낮잠을 잘 못 잤다면
일시적으로 밤잠 들어가는 시간을 조금 더 앞으로 당기는 융통성을 발휘해주세요.
특히 가장 회복력이 좋은 오후 낮잠을 못 잤을 경우에는 그렇게 해주시는 게 좋아요.
아이가 너무 피곤할 때 재우면 더 못 잔다는 사실도 꼭 기억해주시고요.

외출

외출에 대해 겁먹지 마세요. 사실 첫아이 때는 외출도 참 꺼려지는 부분이죠.
아이를 낳은 사람들은 모두 어느 정도의 산후우울증을 겪어요.
그런데, 이때 언제 밖으로 나가느냐가 극복에 있어 매우 중요한 요소로 작용한다고 해요.
아이 Off-Time(아이와 떨어지는 시간) 확보도 중요하지만,
이게 불가능하다면 아이와 함께 즐기세요!!!!!
- **오늘의 간단한 미션: 아이와 함께 마트에서 우유 하나 사 오기!**

이것만 해도 기분이 조금은 나아질지도 몰라요. 이렇게 작은 것부터 시작하세요.

똑게 표어 중 하나인 '아이와 함께 못 갈 곳은 없다!'를 떠올리시고
친한 외국인 친구가 놀러 왔다고 생각해보세요.
친구를 어디로 데려가고 싶으세요? 아마 이벤트성이 강한 곳일 거예요.
경복궁, 인사동, 박물관, 근사한 레스토랑… 이런 곳, 아이와 못 갈 이유가 있을까요?^^
아이의 입장이 아예 불가능한 곳이 아닌 이상,
그리고 현재 더더군다나 아이가 하나인 상황이라면 아이와 못 갈 곳은 거의 없어요.

여유로운 마음으로 도전하고, 아이와 함께 즐기세요.
아이는 새로운 환경에서 많은 것들을 배우게 된답니다.
물론 나가게 되면 욕심을 부리기보다는 그저 물 흐르듯이
'아이와 즐거운 시간, 행복한 순간을 함께하고 있다'라고 생각해보세요.
아이가 나중에 기억하지 못할지라도, 여러분의 추억 속에 영원히 자리 잡을 것이고,
그때의 여러분의 행복한 기운은 아이에게 고스란히 전달되어 남는답니다!

설레는 첫 외출

2개월

2개월까지는 너무 조바심을 가지지 않는 것이 좋아요.
6~8주 전 시기는 아이의 잠에 특정 패턴이 나타나기 전이거든요.
이 시기에는 '수유'와 여러분의 '회복'에 초점을 맞추세요.
특히 6~8주 전까지는 밤에도 아이를 먹여야 하니
아이가 낮잠을 잘 때 꼭 같이 자면서 회복을 하셔야 해요.
수유텀은 2~2시간 30분 간격에서 3시간 정도로 자연스럽게 넓어질 거예요.
만약 이보다 더 자주 수유하신다면 '왜' 그런지 생각해보셔야 해요.
정말 아이가 '배고파서' 우는 것인지, 다른 이유가 있는지는
아이의 하루 일과를 관찰하며 일지를 적다 보면 파악하실 수 있을 거예요.
아이가 예정일로부터 생후 몇 주에 있는지 생물학적 나이를 먼저 계산해주시구요.
6~8주 정도가 되었다면 아래 내용을 점검해보세요.

1. **사회적 미소(Social Smile)를 지어요.**
2. **초저녁 무렵부터 짜증부리는 일이 피크로 치솟곤 해요.**
3. **밤잠에서 4~6시간 정도 쭉 자는 통잠이 생기기 시작해요.**
4. **밤낮 혼동이 끝나요.**

마지막으로 아이는 어른보다 훨씬 많은 양의 잠을 자야 한다는 사실을 잊지 마세요!
잠의 '질'과 '양'을 모두 신경 쓰며 아이를 호기심어린 눈으로 관찰하다 보면
분명히 여러분과 아이만의 건강한 루틴을 만들어나가실 수 있을 거예요.

목욕

목욕은 해야 할 일(To do list)을 세분화해서 작성해
각각의 항목들을 남편 혹은 다른 가족 인력에게 보여주며
도움을 받을 수 있는 부분은 최대한 받을 수 있으면 좋은 육아 과업이에요.
아래와 같이 리스트를 만들 수 있을 정도의, 해본 사람만이 알 수 있는 이 일!

**아이가 목욕을 다 하고 나왔을 때 내려놓을 자리 세팅하기&입힐 옷 꺼내기
→ 욕조에 물 받아서 준비하기 → 아이 옷 벗기기 → 아이 목욕시키기 → 물기 닦기
→ 옷 입히기 → 욕실 뒤처리 및 벗은 옷 정리하기 등**
(목욕 업무 절차는 위보다 더 세분화도 가능해요.^^)

이 항목 중에서 씻긴 아이를 누군가가 밖에서 받아주기만 해도 참 수월해지겠죠.
하지만 여러분, 혼자 한다 해도 익숙해지면 요령이 생겨 잘하실 수 있을 거예요!
그리고 하나 더, 사실 아이의 목욕보다 중요한 것이 엄마의 목욕이에요.
아이를 낳고 나면 불면증이 생기거나, 분명히 너무나 피곤한데도
하루 종일 나를 위한 시간은 단 몇 분도 제대로 보내지 못한 것 같아
누워도 뭔가 허~~~한 느낌 때문에 잠을 이루지 못하시는 분들이 많을 거예요.
이때 항상 제시되는 솔루션 중 하나가 '따뜻한 물에 목욕하기'랍니다. 잠자리에 들기
1~2시간 전에 따뜻한 목욕을 20분 정도 할 수 있다면, 이것이 숙면을 도와준다고 해요.

꼭! 나를 위한 'Me-Time', 하루에 20분만이라도 사수하자고 했죠?
그중 하나가 혼자만의 목욕 시간이에요. 여러분이 주기적으로 가지셔야 해요.
여러분 자신도 같이 보듬으면서 육아하셔야 하는 것, 잊지 마세요.

뽀송뽀송 목욕

50일

드디어 50일이에요.
저도 생각해보면 첫째 때 '50일' 동안 다양한 일들이 터졌어요.
정말 '엄마라는 게 정녕 이런 건가?' 생각될 정도로
'인간이 견딜 수 있는 노동의 강도? 인내심의 한계?'는 어디까지인가!
이런 것들을 처절히 체험했었죠.
여러분, 아이를 잘 키우려고 하지 말고 아이와 잘 지내려고 생각해보세요.

어떻게 하면 '아이를 잘 키울까?' → 어떻게 하면 '아이와 잘 지낼 수 있을까?'

아이를 키우면 키울수록 느껴요.
부모와 아이가 이어나가는 관계와 태도가 참 중요하다는 사실을요.
부모가 즐겁고 행복한 모습으로 곁에 있어야, 아이가 행복해져요.
'희생부모장애증후군'을 조심하세요.
분노와 불안감에 시달리는 부모는 아이에게 결코 좋지 않아요.
우리에게 주어진 삶은 어떻게 보면 정말 짧아요.
이 시간을 어떻게 보낼지는 우리의 손에 달렸어요.

저는 육아가 참 좋은 이유가 육아를 하면서 저 또한 육아된 부분이에요.
아이들에게 쏟은 사랑과 애정을 제 자신에게도 쏟아보려고 노력해요.
우리 이제 아이를 잘 양육하는 일에서 한 걸음 더 나아가 우리 스스로까지
평화로운 부모로 양육해보자구요. 내면의 평화를 찾는 것이 가장 중요하답니다.

days

1개월

아이를 키울 때는 안전이 가장 중요해요. 아래 그림과 QR 코드의 영상을 보시면서 아이의 잠자리 안전 사항과 관련된 영유아돌연사 주요 원인 3가지를 숙지해주세요.

1. 선천적으로 약한 아이 2. 6개월 전 시기(길게는 돌까지 해당) 3. 환경 요인

이렇게 3가지가 영유아돌연사 발생과 관련된 원인이랍니다.(출처: 미국 소아과 협회)
예를 들어 "로리님, 저는 아이를 엎드려 재웠는데도 괜찮았는데요?"라고 하신다면
그림에서 그나마 위험이 덜한, 1~2개의 원인에만 해당된 경우라는 거죠.
3가지 원인이 모두 다 겹쳐질 때 영유아돌연사 발생 확률이 급등하는 것이구요.
그리고 환경 요인 중에 사실 전문가들이 가장 중요하게 생각하는 부분이
바로 '부모들의 책임감, 사전 지식, 특히 영유아돌연사에 대한 지식' 여부랍니다.
그러니 3가지 원인을 머릿속에 모두 콱콱 박아두시고 꼭 주의하세요!

'안전 잠자리 체크 리스트'는 『똑게육아』에 아주 자세히 담겨 있으니 꼭 참고해주세요.
여러분, 아이를 키우는 데 안전은 그 무엇보다 중요해요.
우리는 3가지 중 단 하나의 원인도 간과해서는 안 돼요!

5S

10개월간 있었던 엄마의 자궁 안 환경을 재현해 아이의 진정을 이끌어낼 수 있어요.

1. 속싸개 (Swaddling)
다시 자궁 속으로 들어간 것처럼 감싸주세요.

2. 옆 또는 배 쪽으로 눕힌 자세 (Side / Stomach Position)
자지러지게 우는 아이는 이 자세로 진정시켜주세요. 하지만 아이를 재울 때는 반드시 똑바로 눕혀주세요. 엎드린 자세는 영유아돌연사의 원인이 될 수 있어 매우 위험해요.

3. 소리, 쉬~ 소리와 같은 화이트 노이즈 (Shushing Sound)
엄마의 동맥에서 피가 흐르는 소리와 닮아 있어 아이를 편안하게 해준답니다.

4. 살짝씩 흔들기 (Swinging)
아이를 리듬감 있게 흔들어주는 것(자궁 안에 있을 때의 느낌 재현)으로, 흔들의자나 짐볼을 이용하면 좀 더 수월해요.

5. 빨기 (Sucking)
생후 1개월쯤 모유수유가 정착되었다면, 공갈젖꼭지는 적절하게 사용하면 아이를 진정시킬 수 있는 훌륭한 도구가 된답니다.

4개월 전 아이에게는 '5S'를 이용한 진정 루틴을 활용해보세요.
올바른 방법으로 1→5번을 순서대로 행하시면 가장 좋은 효과를 보실 수 있답니다.

유모차

유모차는 아이에게 잘 적응시키면 육아에 정말 유용한 아이템이에요.
사실 외국으로 여행을 가보면 아이를 유모차에 참 잘 태우고 다니더라구요.
제가 첫째 때 유모차 활용을 잘 못해서 그런지 여러분에게 꼭 드리고 싶은 말씀이 있어요.
유모차 또한 여러분이 처음부터 아이에게 적응시키기 나름이랍니다.
사실 잠습관이 훌륭하게 자리 잡은 아이라면
셀프 수딩(Self-Soothing, 스스로 진정하기) 능력을 가졌을 것이므로
유모차에 눕혀도 무난히~ 잘 있으니 걱정하지 않으셔도 돼요!
미리미리 연습하고 싶다면, 생후 3주부터라도 아이를 유모차에 태워서
하루에 몇 분씩이라도 자연스럽게 적응할 기회를 선물해보세요.
사실 아이가 낮에 잠을 많이 자는 2~3개월 전 시기는
외출하기가 더 쉽다고 말씀하시는 둘째 어머님들이 많아요.

또, 만약 외출했다가 유모차에서 잠들었다, 그런데 집에 도착했다?
이럴 경우에는 유모차의 등받이 각도가 조절 가능하다면
수평으로 맞춰 아이를 눕힌 다음 현관에 주차시키세요.
괜히 무모하게 아이를 유모차에서 꺼내 잠자리에 내려놓다가
언제 다시 올지 모를 황금의 기회를 날려버리지 마세요~! 아셨죠?^^

아이의 잠습관이 훌륭하게 자리 잡히면, 낮잠 시간에 맞춰 유모차에 태운 뒤,
카페에 유모차를 주차해두고 나만의 시간을 보내보세요.
육아에 있어 'Me-Time(나만의 시간)'은 아이를 위해서라도 꼭 사수하셔야 해요.
육아의 스킬을 배워가면서도 스스로를 진정으로 보듬어야 한다는 것, 잊지 마세요!

첫 병원 방문

대부분 생후 4주 이내에 BCG 예방 접종을 맞추러 소아과에 처음 가게 돼요.
돌아보면 별일 아닌데 당시에는 큰 미션처럼 느껴지실 거예요.
왜냐하면 무엇이든 처음 할 때는,
아이와 외출하기 위해 힘겹게 외출복을 입히고 집을 나서고 하는 과정 자체가
커다란 일인 것만 같고, 또 번거롭게 느껴지거든요.
저의 경우에는, 제 딸 은교가 BCG 예방 접종을 할 때
그 작고 작은 아기의 연약한 팔에 주사 바늘이 들어가는데
아이가 우니까 그때 같이 눈물이 나더라고요.
심지어 소아과 선생님이 그런 저를 살짝 이상한 눈으로 쳐다보기까지 했어요. ㅋㅋ

예방 접종이 아니라, 감기 등 병에 걸려 병원에 방문하셨다면
최대한 긍정적으로 생각하시는 편이 좋아요.
굳이 아이가 아프게 된, 그 화살이 어디서 날아왔는지 생각하지 마시고
그 화살을 무사히 빼내는 일에만 집중하시면서
평안한 마음으로 아이 옆에서 함께해주세요.

아이가 아프면 육아는 더더더 힘들어져요.
하지만 아이가 크면서 감기 한 번 걸리지 않을 수는 없잖아요?
더 건강해지는 과정을 걷고 있다고 생각하시면서 긍정 마인드로 극복하세요.
아픈 상황에 대해서 원인이 무엇인지 자책하고 누군가를 원망하는 시간들은
쓸데없는 시간 낭비, 에너지 낭비가 될 수 있다는 사실을 기억하세요.

처음으로 병원 방문

카시트

강연을 할 때마다 꼭 나오는 질문이 있어요.
"아이가 요즘 들어 카시트에 잘 안 타려고 하는데 어떻게 해야 할까요?"
우선 '아이의 울음'을 '커뮤니케이션 수단'으로 생각해보세요.
아이의 원츠(Wants)와 니즈(Needs)를 잘 구분하셔야 해요.
아이도 스스로 원하는 바를 표현해요. 그런데 여기서 중요한 사실 하나!
아이가 원하는 것을 다 해주는 부모, 과연 훌륭한 부모일까요?
또 아이가 정말로 그것을 원하는지 어떻게 판단할 수 있을까요?
만 19세 미만의 미성년자는 올바른 판단을 내리고 결정을 할 수가 없기에
대신 부모에게 올바른 판단을 내리고 결정을 할 의무가 있어요.
물론 아이가 '나는 이렇게 하고 싶다'라고 당연히 표현할 수 있어요.
하지만 부모가 무엇이 아이에게 안전하고 유익한지 '판단'하고 '결정'해야 하는 거죠.
이걸 안 하면 부모의 의무를 제대로 하고 있는 게 아닌 거예요.
사실 아이가 태어나자마자 안전한 규칙과 경계를 잘 알려주신다면
아이는 그걸 당연하게 여기고 적응합니다. 그리고 더 편안하고 만족스럽게 자라요.
카시트도 이 연장선상에 있어요. 정말 부모 하기 나름이에요.
또 아이를 카시트에 태우고 조수석에 한번 앉아보세요.
아이가 저항하더라도 '이 자리는 너를 위한 왕좌야. 너의 보금자리지~'^^
이런 분위기를 마구 뿜어내면서 당연한 듯 매번 아이를 위해 카시트에 앉히세요.

여러분, 자동차 탈 때만이라도 완전한 자유 시간! 만끽해보세요.
아이의 안전도 챙기고 여러분의 정신 건강도 챙기고! 일석이조~~~! 랍니다.

빵빵!
첫 카시트

육아 아이템

1. 재우기
- □ **아기 침대, 범퍼 침대:** 아기 침대는 뒤집기 전 시기까지, 그 이후라면 아이가 똑게식 허허벌판 체제에서 좋아하는 잠자세를 찾을 수 있도록 범퍼 침대를 추천해요.
- □ **속싸개:** 2개월까지는 스와들미, 그 이후에는 스와들업을 추천해요.
- □ **화이트 노이즈 기계(앱):** 쉬~~~ 하는 소리를 공기계에 녹음해서 무한 반복으로 틀거나, 해당 사운드를 다운로드 받거나, 아예 기계를 구입하는 것도 좋아요.
- □ **암막 커튼, 암막 블라인드:** 아이가 낮잠을 잘 때도, 가장 깜깜한 상태가 10이라면 8~9 정도의 어둠을 유지해야 아이가 잘 잔다는 사실을 기억하세요.
- □ **캠:** 한집에서 아이와 다른 장소에 있을 때 모니터링용으로 도움이 돼요.

2. 먹이기
- □ **다지기 기계, 푸드 프로세서:** 이유식을 시작하면 매우 유용해요.
- □ **아기 의자:** 아이가 의자에 편히 제대로 앉아 먹는 습관은 정말 중요해요.

3. 엄마
- □ **블루투스 이어폰:** 집안일을 할 때 좋아하는 것을 듣는다면 마음이 평화로워질 거예요.
- □ **수유 의자:** 수유 의자에서 수유를 하면 '수유=잠연관'에 걸리지 않을 확률이 커져요.

육아 아이템은 그 목적과 시기에 맞게 활용한다면 분명 도움이 될 거예요.
똑게육아를 위해 꼭 필요한 아이템들을 미리 체크해보세요.
더 자세한 아이템 정보는 『똑게육아』를 참고해주세요.

집으로

병원이나 산후 조리원에서 집으로 돌아오면 너무나 급변한 상황 때문에
여러분이 하루 종일 아이를 안고 끼고 있을 확률이 높아요.
최선을 다해 아이를 잘 키우고 싶은 욕구와 여러 가지 불안 때문이죠.
하지만 그럴수록 주변 사람들의 도움을 받아야 한답니다.
항상 아이가 엄마 품에서만 먹고, 엄마의 냄새, 엄마의 특정 행동 등에만 익숙해지면,
결국 엄마만이 아이를 먹이고 재울 수 있게 돼요.
모유수유를 하신다면 먹이고 나서 재우기 전 진정시키는 일은 남편에게 부탁해보세요.
남편을 못 미더워하지 마세요. 어쩌면 아빠는 엄마보다 호르몬적으로
더 건강한 상황이고, 감정적으로도 아이에게 몰입이 덜 된 상황이라서
보다 이성적으로 건강하게 아이를 잘 재울 수 있답니다. 분유수유를 하신다면
아빠나 다른 사람이 먹이고 재우는 일을 하게끔 꼭 기회를 일부러라도 주세요.
이 경험으로 아이는 보다 더 건강하게 잠들 거랍니다.
아이를 진정시키는 일을 혼자 하지 마세요. 다른 사람들을 참여시키는 것, 중요해요.
엄마만이 할 수 있다고, 엄마가 제일 잘한다고 생각하지 마세요.
지금 이 순간에는 이것이 최선이라고 생각해서 혼신의 노력을 다하시겠지만
지나고 나서 보면 또 그게 아니라는 걸, 오히려 엄마가 아닌 다른 사람들이 아이를 더 잘
진정시킬 수 있다는 걸 알고 계시다면 행복한 육아를 하는 데 큰 도움이 될 거예요!

아빠는 주말에만 가능할 수도 있겠죠. 상관없어요.
기회를 아예 주지 않는 것보다 100배 나아요. 꼭 아빠를 참여시켜보세요.
우리처럼 강박과 걱정이 없어 더 여유롭고 의연하게 잘한답니다.
그를 믿어보세요!

어서 와, 우리 집은 처음이지?

탄생

태명

이름

성별

태어난 날

태어난 시간

키/몸무게

엄마 이름

아빠 이름

- **세상에 단 하나뿐인 특별한 임신 출산 선물**

아이와 함께 새로운 인생을 시작하는 소중한 사람에게 선물해보세요.
부모 됨을 아름답고 예쁘게 느껴지게끔 만들어주는 이 특별한 장치로
여러분의 돋보이는 센스까지 전달될 거예요.

★ 아래 QR 코드는 자세한 활용법에 대한 영상이랍니다!

Tip 똑게 용어 정리

- **텀:** 시간 간격
- **잠텀:** 잠과 잠 사이의 깨어 있는 시간 간격(수면 시간 아님)
- **수유텀:** 수유 시간 간격(수유 시작 시간~다음 수유 시작 시간)
- **낮수:** 낮에 하는 수유
- **밤수:** 밤에 하는 수유(여기서 밤은, 본인이 생각하는 밤잠 들어가는 시간~아침 기상 시간 사이의 시간)
- **수면의식:** '자기 전 깨어 있는 상태'를 '잠 모드'로 전환하는 데 도움이 되는 차분하고 일관성 있는 의식들의 합
- **잠연관:** 아이가 푹 잠들 때까지 지속된 특정한 상황 또는 특정한 부모의 액션
- **잠큐사인:** '아, 지금은 잠잘 시간이구나' 하고 인식될 수 있는 특정하고 간단한 액션
- **고양이잠:** 짧게 자는 낮잠(최대 45분 정도)
- **종달새:** 새벽 5~6시 경에 일찍 일어나는 현상
- **돌부리:** 신체적·정신적·환경적 변화, 성장 과정, 아이들이 변화기에 겪는 혼란

How to Use

똑게육아 마일스톤 카드 활용법

스프링 제본은 똑게육아 유튜브 라이브에서 여러분들의 의견을 듣고 수렴한 결과예요.
재미있었던 점은, 임산부 어머님들은 '낱장' 형식을 원하셨고,
현재 아이를 키우고 계신 어머님들은 '스프링' 형식을 원하셨다는 것!
(분실의 위험 때문에 말이에요.) 그렇죠. 이상과 현실은 이렇게 다른 것이에요. 여러분~~^^;
그래서, 제가 절충했답니다. 스프링 제본을 하고 잘라 쓰실 수 있도록 절취선을 넣었어요.

● **예쁜 그림과 함께 평생 간직하는 사랑스런 아이의 성장 모습**
1개월 때 우리 아이는 어땠지? 뒤집기는 언제 했지? 첫니가 참 귀여웠는데……
아이의 성장에 따라 카드를 펼치고 날짜를 적은 다음, 아이 옆에 두고 사진을 찍어보세요.
주요 변화 시점에 찍은 이 사진들은 나중에 성장 앨범으로 만드는 데도 유용하답니다!
'항공샷'을 찍고 싶으시다면 절취선을 활용해 한 장의 카드만 놓고 찍거나
낱장으로 분리되는 걸 원치 않는 분들은 카드 전체를 눕혀두고 찍어보세요.^^

● **나만 알고 싶은 육아 족보♥ 아이의 '월령별', '상황별' 똑게육아 꿀팁**
원더윅스는 어떻게 헤쳐 나가야 할까? 등센서를 해결할 방법은 없을까?
아이가 맞이하는 변화의 순간마다 엄마가 꼭 알면 좋은 핵심 육아 정보,
눈에 보이는 곳에 세워두시고 틈날 때마다 읽어보세요.
(낱장으로 찢지 않는다면 분실의 위험도 없어요~!)
중간중간 삽입된 QR 코드를 통해 더 자세한 콘텐츠를 접하실 수도 있답니다.

여러분들이 개개인적으로 모두 힘들고,
각자 궁금한 내용과 그 상황들이 모두 다르기 때문에
내 질문을 내 상황에 맞춰 답을 듣고 싶어 하시는 것을 너무나 잘 알고 있어요.
저 또한 가슴 절절히 여러분들의 마음을 같이 느껴요.
하지만, 질문과 고민을 하루에도 수십 개씩 받고 있는 제 입장에서는
사실상 같은 질문이라 느껴지는 것들이 또 많답니다.
그래서 마일스톤 카드의 뒷면에는 바로 지금껏 제가 여러분들께
가장 많이 질문을 받아왔고, 여러분들께서 유난히 걱정된다고 느끼시는 그 부분!
또 제가 실제 컨설팅 시 구체적인 전략을 말씀드렸을 때,
가장 만족도가 높았던 그런 내용들!에 대해
(마일스톤 카드의 크기가 제한되어 있기 때문에) 알고 계시면 좋은 딱 '그 핵심'만을 담았어요.

The Making Story

똑게육아 마일스톤 카드 메이킹 스토리 🌿

여러 권의 육아서를 쓰면서 제가 가끔 이상하다고 느끼는 점은
엄마들이 읽을 책이라고 하면, 디자인 측면에서
아이가 읽을 동화책에 나올 법한 그런 그림을 넣으려고 하는 부분이에요.
한 여성으로서 좋아했던 그림이 하루아침에 갑자기
아이들이 읽는 동화에 나오는 그림으로 바뀌는 것이 아닌데 말이죠.^^
내가 좋아하던 그림 취향이 있는데, 내가 좋아하던 것들이 있는데,
하루아침에 엄마가 되었다고 바뀔까요?
그런 면에서 애슙 작가님의 그림이 『똑게육아 마일스톤 카드』에 딱이라고 생각했어요.
우리가 엄마가 되었다고 해서 여성의 정체성이 사라지는 것은 아니니까요.
엄마가 되었다고 해서, 우리 자신이 없어지는 것이 아니 듯이요.
제가 이 말씀을 왜 드리는 걸까요? 여러분, 이번 책은 그림 작업에서부터
예쁘고 세련된 우리만의 느낌을 담기 위해 애를 많이 썼답니다.
그림에 있어서도 아이 옆에 놓고 사진을 찍었을 때, 누가 보더라도
가장 예쁘고 공들인 마일스톤 카드로 느껴지도록 그렇게 만들고 싶었어요.

이제 뒷면에 대해 이야기해볼게요. 이미 2권의 책이 출간되었지만,
SNS에서 활발하게 의견을 주시는 어머님들의 고민을 매일 같이 듣고 있다 보면,
월령별, 상황별로 바로 핵심을 볼 수 있는
일종의 **'핵심 요약집'**이 있으면 좋겠다는 생각이 들었답니다.
제가 수능을 앞두고 봤던, 한손에 들어오는 크기의 '우선순위영단어' 같은 느낌으로 말이죠.

여러분의 그 힘듦을 조금이라도 해소해드리고 싶은 마음을 담아
『똑게육아 마일스톤 카드』를 기획했습니다.
육아의 참 현장에서 연일 종사하고 있는 우리만이 알 수 있는 그 느낌들,
『똑게육아 마일스톤 카드』와 함께 잘 간직하며 한 걸음씩 나아가보세요.
아이의 진전 하나에 우리 나름의 이정표를 사진으로 남기면서
마음속 가득히 뿌듯함과 성취감을 느낄 수 있도록,
그 도구로 사용할 수 있도록 열심히 만들었습니다.
그리고 각 카드의 뒷면에는 해당 내용과 관련된 똑게육아만의 꿀팁을 담아
여러분이 육아를 하는 데 있어 조금이라도 해당 지식을 섭렵해
곧바로 활용이 가능하도록 구성해보았습니다.
예비 부모님, 돌 전 아이의 육아를 하시는 부모님들에게
한 줄기 빛과 같은 선물이 되기를 바라며
저의 진심어린 마음을 담아 여러분께 바칩니다.

- 로리(김준희) 드림

Prologue

아이와 함께 하루하루 성장할 여러분께

안녕하세요, 여러분.
아이를 낳기 전에도 여러분들은 모두 열심히 살아오셨을 거예요.
그동안 힘든 일도 많으셨을 테고, 나름 멋지게 헤쳐 나가며
이제! 아이를 출산하셨을 거예요. 하지만~! 아이를 낳고 난 뒤의 삶,
특히 돌 전, 육아의 초반은 여러분이 상상했던 모습과는 많이 다를 거랍니다.
육아는 힘든 점이 정말 많지만, 그중 하나를 꼽자면,
바로 아무도 알아주지 않는 것 같은 기분,
또 직장 생활과는 달리, 눈에 보이는 월급이나 성과급 등 급여가 없으니,
하루하루가 사실상 똑같은 느낌,
일에 있어 '성취감'이나 '보상'을 느끼기 힘든 부분이랍니다.
주변에서 "엄마가 되었으니 당연히 그 정도는 해야지"라는 식의,
예전에도 지금도 '나'는 같은 사람인데,
아이를 낳았다고 해서 하루아침에 갑자기 '엄마'에게 기대하는,
참 잔인할 정도로 신체적·정신적인 부분을 희생하는 것이 마땅하다는 식의,
이런 말을 들을 때면 또 한 번 우리는 무언가 이상하다고 느끼게 되죠.
육아는 그 특성상, 육아의 참 현장에서 직접 해보는 사람만이 느낄 수 있거든요.
(그저 방문객으로 잠시 왔다 가는 분들은 절대 알 수가 없답니다.
가장 큰 공감 형성은 같은 연령의 아이를 키우고 있는 엄마들만이 가능하다는 사실…)

글 로리(김준희)

연세대학교를 졸업한 후, MIT에서 세계적으로 저명한 경제학자인 사이먼 존슨Simon Johnson의 지도하에 석사 논문을 완성했다. 아이를 낳기 전엔 몰랐다. 지금껏 갈고닦은 능력이 육아의 세계에서 찬란한 빛처럼 사용되리라곤……. 사실 시작은 미래의 딸을 생각하며 그저 자신처럼 힘든 엄마들을 도와주고자 하나씩 정성스레 답변을 해주면서부터였다. 뭐든지 대강 할 수 없는 성격 탓에 하나의 질문에 답을 하기 위해 리서치를 꼼꼼하게 하고, 논리적으로 콘텐츠를 풀어나갔다. 이러한 '지적 노가다' 작업으로 똑게만의 콘텐츠가 쌓여갔고, 팬들이 갈수록 늘어났다. 누가 육아를 후줄근하다고 했던가. 똑게육아와 함께라면 그래도 조금은 쌔끈한 육아가 가능하다. 저자의 책 『똑게육아』, 『똑게육아 올인원』은 현재 베스트셀러를 넘어 필독서로 대히트 상품이 되었고, 엄마들은 육아에 도움이 되는 똑게육아를 공공재라고 부르기에 이르렀다. 여기에 더해 본래 정이 많은 성격이 SNS에서도 똑게육아의 매력을 부각시킨다는 평이다. 『똑게육아 마일스톤 카드』는 육아의 참 현장에서 직접 일해보지 않은 사람은 죽었다 깨어나도 모를 그 상황들, 그 마음들을 절절하게 직접 경험해본 저자가 가장 힘들다는 돌 전 육아의 현장에 맞닥뜨린 부모님들에게 눈에 보이는 '성취감'을 느끼게 해주고 싶어 기획한 프로젝트이다. 무료하고 아무도 알아주지 않는 것만 같은, 나만 아는 외로운 육아의 세계에서 『똑게육아 마일스톤 카드』가 세상 모든 부모님들에게 큰 힘이 되기를 간절히 바란다.

그림 애슝

일러스트레이터이자 만화가.
삶의 단편들을 진솔하고 담백하게 그려내고자 한다.
대표작으로는 단편만화모음집 『리드 앤 리듬』, 『하루 5분 탈무드 태교 동화』가 있다.

소중한 우리 _____의
빛나는 하루하루